내 세상의 빛, 송하에게

지난 이야기

부지런히 수학 플레이어의 레벨을 올린 진은 인스턴스 던전 미션에 도전한다. 주어진 과제는 피타고라스의 별을 찾는 것! 미래에서는 진이 도움을 받을 수 있도록 천재 소년 에스를 조력자로 보낸다. 함께할 동료도 있으니 미션은 즐겁게 해결할 줄 알았는데…… 이게 웬걸! 여의도 근처 밤섬에 숨겨진 인스턴스 던전은 혼돈 그 자체다. 두 사람은 괴물 꽃과 늑대들에게 쫓기는가 하면, 절벽 사이의 아슬아슬한 다리를 건너고, 물이 콸콸 쏟아지는 방에 갇힌 채 수학 문제를 풀기도 한다. 위험천만한 미션 속에서 진과 에스는 때로 라이벌이 된 듯 삐걱대지만 서로의 부족한 부분을 채우며 마음을 합쳐 문제를 해결해 나간다. 부모님이 세상을 떠난 뒤로 외톨이처럼 혼자 지냈던 진은 처음으로 '친구'라고 부를 수 있는 에스를 만나며 우정을 배운다.

　미션을 성공적으로 마친 진은 기쁜 마음으로 집에 돌아오지만 어쩐지 집 안 분위기가 썰렁하다. 알고 보니 오랫동안 원인 모를 병으로 아팠던 옆집 윤경이가 위독해진 것. 할머니 손에 이끌려 병원에 누워 있는 윤경이를 만나고 온 진은 먹먹한 기분을 느낀다. 이렇게 윤경이가 떠나 버리면 어떡하지? 한 번이라도 더 말 걸어 줄걸. 학교에서 태민이가 괴롭힐 때 더 당당하게 막아 줄걸……. 후회와 슬픔에 마음 아파하던 진은 문득 인스턴스 던전 미션의 보상으로 받은 유전자 치료제를 떠올린다.

　혹시 이 약을 현실에서 사용할 수 있다면 윤경이의 병을 고칠 수 있지 않을까? 맨 처음 네르를 만났을 때 강훈이가 게임에 함께 접속했던 것처럼 만일, 아주 만일 윤경이가 같이 게임 속으로 들어올 수 있고, 게임에서 이 약을 복용한다면?

　진은 병원으로 달려가 임종실에 누워 있던 윤경이의 손을 잡고 수학 플레이어에 접속한다. 유전자 치료제를 사용하자 진의 머리 위로 '시크릿 퀘스트'를 클리어했다는 내용을 알리는 파란 창이 뜨고, 게임은 종료된다.

 몇 주 뒤, 수학 플레이어에서 록키드라는 낯선 인물이 친구 신청을 해 온다. 록키드의 정체는 바로 윤경이! 그동안 몸을 움직이지 못했다는 게 믿기지 않을 정도로 몰라보게 건강해진 윤경이는 진에게 놀라운 이야기를 털어 놓는다. 윤경이는 미래에 진과 팀을 이루어 활약한 프로그래머였고, 몇 년 전 가상 공간에서 공격을 받았다. 그 충격으로 현실에서 몸이 굳어 버린 채 몇 년을 지냈던 것이다.

 시크릿 퀘스트까지 완벽하게 해결하며 드디어 팀원을 만난 진은 윤경이와 함께 수학 플레이어를 계속해 나간다.

차 례

006	지난 이야기
011	**우리가 탄 기차**
037	**빈틈 혹은 오류**
054	**플랜 B**
069	**문제를 해결하는 방법**
083	**메이즈의 시작**
099	**미션, 방 탈출!**
115	**폐허가 된 마을**
132	**어둠의 첨탑**
146	**케이크 자르기**
165	다음 이야기
170	작가의 말

진이 운동장 귀퉁이에 쪼그리고 앉아 있는 아이를 가리키며 윤경이에게만 들릴 정도로 작게 말했다.

"아, 쟤?"

"아는 애야?"

"길고양이들 데려다 기르는 애잖아. 이름이 뭐더라? 아, 상준이. 아마 4학년일걸?"

진이 어떻게 그런 걸 아느냐는 눈빛으로 윤경이를 쳐다보았다. 윤경이가 진의 마음을 읽은 듯 시큰둥하게 말했다.

"몸만 못 움직였지, 귀로는 다 듣고 있었거든. 네 별명이 아무리 교실 유령이라지만, 이렇게 주변에 관심이 없을 줄이야. 어떻게 전교생이 모두 아는 애를 모르냐? 세상에 관심 좀 갖고 살아라."

진은 가만히 서서 흥미롭다는 얼굴로 윤경이를 쳐다보았다. 깨어난 지 얼마 되지 않았지만 아주 오래전부터 알고 지낸 친구처럼 스스럼없이 다가오는 윤경이가 진은 편했다.

"길고양이를 기른다고? 대체 왜?"

"자세한 사정은 나도 잘 모르지. 부모님이 멀리서 일하시는지 거의 혼자 살다시피 한다는 것만 알아."

두 사람은 이야기를 나누며 상준이 쪽으로 다가갔다. 상준이는 땡볕에 죽어 가는 지렁이 주변에 나뭇가지로 낙서를 하고 있었다. 지렁이가 조금씩 꿈틀거렸지만 상준이는 지렁이를 그늘진 곳으로 옮겨 줄 생각이 없는 듯했다. 그 모습을 본 진이 눈살을 찌푸렸다.

"그 나뭇가지로 지렁이 좀 화단에 옮겨 주지 그러냐."

상준이는 목소리를 따라 진을 쓱 보더니 다시 바닥으로 눈길을 돌리며 대답했다.

"상관하지 말고 가던 길 가시지. 어차피 이 지렁이는 햇볕에 피부가 탔기 때문에 옮겨 줘도 곧 죽거나 새 먹이가 될 거야. 그게 얘 운명인 거야."

'하, 뭐야? 이 어이없는 꼬맹이는?'

진이 황당한 표정으로 상준이를 쳐다보는 사이, 윤경이는 나뭇가지로 지렁이를 들어 올려 화단으로 옮겨 주었다. 상준이가 윤경이를 바라보며 투덜거렸다.

"쓸데없는 일이라니까. 뭐 하는 거야?"

윤경이는 상준이의 말을 들은 척도 하지 않은 채 진을 향해 말했다.

"지렁이 잘 보고 있어."

그러더니 어디론가 급하게 뛰어갔다. 상준이는 지렁이는 관심 없다는 듯 운동장 바닥에 낙서를 하기 시작했고, 진은 걱정스러운 얼굴로 지렁이를 지켜보았다. 아무래도 아이의 말대로 지렁이가 다시 살아날 것 같지는 않았다. 점점 움직임이 잦아들고 있었기 때문이다.

잠시 후 윤경이가 손에 무언가를 들고 돌아왔다. 지렁이 바로 앞에 조심스럽게 내려놓은 것은 수박 껍질이었다.

"그거 아까 급식 시간에 먹었던 거 맞지?"

진이 물었다. 상준이도 궁금한지 두 사람을 슬쩍 바라보았다.

"응, 방금 급식실 가서 남은 수박 1조각 얻어먹고 가져왔어. 지렁이가 제일 좋아하는 먹이 중 하나지."

윤경이가 뒤돌아 상준이를 바라보더니 싱긋 웃었다. 갑자기 눈이 마주친 상준이는 얼른 고개를 홱 돌렸다. 윤경이는 성큼성큼 걸어가 상준이 앞에 앉았다. 그리고 상준이의 두 볼을 양

손으로 잡아 죽 늘였다.

"이 애늙은이야."

"므? 므아?"

당겨진 볼 때문에 제대로 된 발음을 할 수 없게 된 상준이가 당황한 표정을 지었다.

"죽을 운명이 어디 있어. 포기하지 않으면 사는 거지."

상준이는 윤경이의 양손을 뿌리치며 소리쳤다.

"에이! 잘난 척은!"

"어? 수박 껍질 먹는다!"

지렁이를 바라보고 있던 진이 말했다. 놀랍게도 지렁이는 조금씩 기운을 차리며 수박 껍질 위로 올라갔다.

윤경이는 상준이를 돌아보며 밝게 웃었다.

"어때? 봤지? 쪼끄만 게 벌써부터 세상 다 산 사람처럼 운명 운운하는 거 아니다."

상준이는 기가 찬다는 듯한 표정이었다.

"하! 사람들이 그랬어. 다 운명대로 사는 거라고."

"그럼, 저 지렁이는 오늘 죽을 운명이었던 거야? 그런데 어찌

나. 지렁이는 살았는데. 요 꼬맹이야."

대꾸할 말을 잃은 상준이가 샐쭉한 표정을 짓자 윤경이는 상준이가 귀엽다는 듯 씩 웃으며 말했다.

"그래그래, 어른스러운 운명주의자님. 부디 잘 씻고 다니고 고양이도 잘 씻겨라. 안 그러면 이 몸에게 인생에 대한 긴 교육을 받는 게 너의 운명이다! 힘들면 찾아와도 돼. 나 6학년 3반 최윤경이야."

상준이가 놀란 눈으로 윤경이를 쳐다보았다.

"누나가 최윤경? 그럼, 형은……?"

윤경이가 어깨를 으쓱하며 진을 가리켰다.

"얘는 같은 반 윤진이야. 얘보다는 날 찾아오는 게 훨씬 네 인생에 도움이 될 거라 믿어 의심치 않는다만?"

"어쩐지, 무슨 오지랖인가 했네. 그런 일을 겪고도 잘 살고 있다 그거지? 아무 도움도 못 받은 나는 이 모양인데……."

상준이가 작은 소리로 웅얼거렸다. 진은 순간 상준이의 눈빛에 질투가 스쳐 지나가는 것을 느꼈다. 놀란 진이 상준이의 어깨를 붙잡았다.

"그런 일? 너 우리를 알아?"

"이거 놔! 둘은 어찌 됐든 잘 풀려 가니까 노력하면 된다는 소리나 하고 있지. 끼리끼리 잘 살아 보라고!"

상준이는 진의 손을 거칠게 뿌리치더니 후다닥 교문 쪽으로 뛰어갔다.

"저 녀석 성깔 있네? 잘 씻으라는 이야기에 자존심이라도 상했나?"

윤경이가 아쉽다는 듯 말했다. 진은 무언가 석연치 않은 기분이 들었다.

"상준이 쟤, 우리에 대해 알고 있는 것 같지 않아?"

"내가 워낙에 이 동네 유명 인사잖아. 어디서 내 이야기를 들었나 보지 뭐."

윤경이가 대수롭지 않게 대답했다.

"그런가? 그나저나 너는 왜 쟤한테 관심이야? 별로 고마워하지도 않던데. 불쌍해서 그래?"

"누가 누굴 불쌍해한다고 그래. 나는 죽다 살아난 처지인데. 그냥, 꼬맹이가 다 포기한 것처럼 운명 어쩌고저쩌고 이야기하는 모습을 보니까 마음이 안 좋아서. 모든 게 끝이 아닐 수도 있다는 말을 해 주고 싶었어."

"끝?"

"나는 몇 년 동안이나 죽은 사람처럼 지내야 했잖아. 그래도 포기하지 않으니까 이렇게 너랑 이야기도 하게 되고……."

두 사람이 이야기를 나누는 사이 상준이는 열심히 뛰어 교문 밖으로 사라졌다. 그 뒷모습을 바라보던 진은 조금 전 상준이가 한 말을 다시 떠올렸다.

"그런데 윤경아, 운명이 진짜 있는 걸까? 넌 운명을 어떻게 생각해?"

윤경이가 화들짝 놀라며 진저리를 쳤다.

"운명이라니? 너 설마 나한테 고백 비슷한 거라도 할 거면 꿈도 꾸지 마라."

"아, 뭐래! 내가 그런 거 할 리가 없잖아."

진이 펄쩍 뛰며 부인하자 윤경이가 안심한 듯 다시 무심한 표정이 되어 되물었다.

"흠흠. 그럼 다행이고. 왜 쓸데없는 소리를 하고 그래?"

"사실 너나 나나 운명이 정해져 있는 거나 다름없잖아. 난 커서 수학자가, 넌 프로그래머가 되는 걸로 말이야. 그런데 그게 맞는 걸까? 미래의 진 박사가 과연 나랑 같은 사람일까 하는 의심이 자꾸 들어. 진 박사는 부모님이 일찍 돌아가시지 않았잖아. 우리는 이미 너무나 다른 삶을 살고 있는데 그 사람처럼 되는 게 어떻게 내 운명일 수 있지?"

"듣고 보니 그러네. 미래의 윤경이도 나처럼 오래 아프지 않았을 테고."

두 사람은 생각에 잠긴 듯 잠시 동안 말이 없었다.

"윤경아, 내가 생각을 좀 해 봤는데 말이야. 내 선택에 따라 수많은 미래가 생겨나는 게 아닐까? 비유하자면 분기점에서 여러 철로로 갈라져서 달리는 기차 같은 거지. 우리 부모님이 돌아가신 일을 하나의 분기점이라고 생각하면 분기점을 중심으로 두 미래가 펼쳐지겠지? 하나는 네르가 알고 있는 부모님이 살아 계신 세상이고 다른 하나는 지금 내가 살아가고 있는 세상인 거야. 이렇게 생각하면 네르가 탄 기차와 내가 타고 있는 기차가 다른 것 같아."

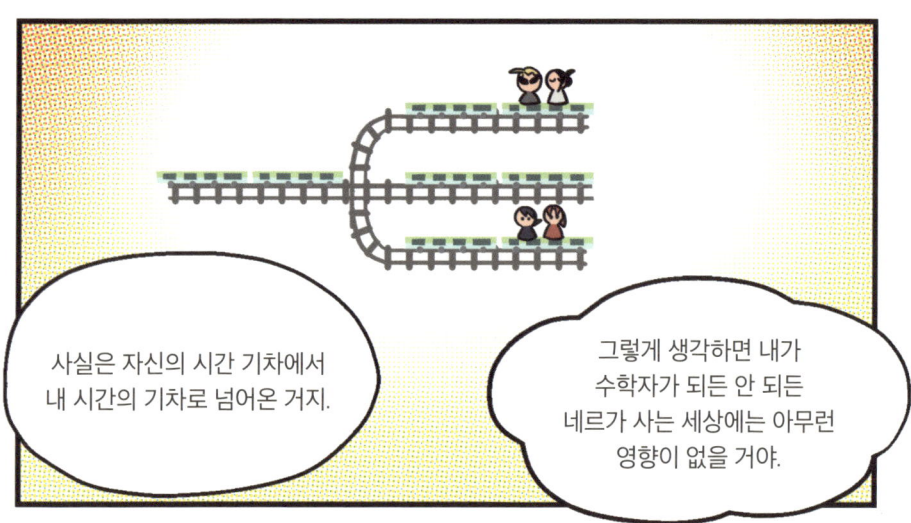

"그래서?"

윤경이가 흥미진진하다는 표정으로 물었다.

"응?"

"그런 결론에 도달해서 넌 어떻게 하고 싶은 거야?"

진의 표정이 어두워졌다.

"나? 난 말이지……. 글쎄, 잘 모르겠어. 내가 네르가 아는 진 박사처럼 될 수 있을까? 그렇게 되지 못하면 우리가 타고 있는 이 기차의 미래는 어떻게 되는 걸까? 솔직히 부담스러워. 진 박사와 같은 뛰어난 수학자가 되어야 한다는 게."

윤경이가 진의 어깨를 툭 치며 말했다.

"뭘 그렇게 고민을 해. 그냥 아무 생각 없이 편하게 하자."

"응?"

"네가 말한 대로라면 너는 진 박사라는 수학자와 다른 사람이잖아. 우리의 미래가 네르가 알고 있는 미래와 같을 거라는 보장도 없고. 만약 정말로 미래에 핵전쟁이 일어나고 우리가 막지 못한다면 어쩔 수 없는 거 아닐까? 또 모르지. 그때 가면 다른 대안이 생길지도."

진은 윤경이를 가만히 바라보았다. 의미를 알 수 없는 진의 시선을 느낀 윤경이가 얼른 말을 덧붙였다.

"오해하지 마. 포기하고 대충 살자는 이야기는 아니니까. 네르가 탄 기차와 우리가 탄 기차가 정말로 다르다면, 네르의 세상에서 필요한 사람이 되기 위해 노력하는 대신 우리의 기차 안에서 최선을 다하면 되는 거 아닐까? 그러니까 내 말은, 이렇게 미리부터 걱정할 필요는 없을 것 같다는 뜻이었어."

몸을 움직이지 못했던 그 오랜 시간 동안 윤경이는 무슨 생각을 하고 지냈을까? 윤경이의 말이 맞다. 네르와 우리가 같은 기차를 타고 있든지 아니든지 그들은 그들의 세상을 지키고, 나는 내 세상에서 열심히 살아가면 된다.

진은 윤경이가 새삼 어른스럽게 느껴졌다. 의식을 잃은 게 2년이 아니라 20년인가? 하긴 그럴 수도 있겠다. 윤경이는 깨어나자마자 전 과목에서 천재 소리를 듣고 있으니.

진은 기특하다는 표정으로 윤경이의 머리를 벅벅 쓰다듬었다. 윤경이의 머리가 금세 헝클어졌다.

"너 지금 우리 할머니 같았어. 구한 보람이 있네."

"뭐래!"

윤경이가 신경질적으로 진의 손을 쳐 내고 머리를 다시 정돈했다. 그 모습을 흐뭇하게 바라보던 진이 물었다.

"그런데 문자는 왜 보낸 거야?"

"응?"

"아까 무슨 연락 안 했다고 화냈잖아."

"아! 맞다! 너 수학 플레이어 메시지 못 봤어?"

"메시지가 왔어?"

"어쩐지 잠잠하더라니. 빨리 열어 봐!"

진은 서둘러 핸드폰을 열어 수학 플레이어를 확인했다.

> 9월 30일 21시 '수학 메이즈'가 열립니다.
> 참여하기 위해서 3인 이상의 파티를 만들어야 합니다.
> 수학 메이즈에 참여하겠습니까?
>
> [수락] [거절]

'수학 메이즈? 메이즈면 미로인가?'

진의 심장이 두근거렸다. 드디어 새로운 미션이 열렸구나! 진은 메시지가 사라질까 서둘러 [수락]을 눌렀다.

진의 얼굴을 빤히 바라보던 윤경이가 말했다.

"그렇게 좋아 죽겠다는 표정 그만하고 메시지를 잘 봐. 세 명 이상의 파티를 만들라잖아."

"파티? 그게 뭐야?"

"게임 용어인데, 쉽게 말하면 팀원 같은 거야. 이번 미션은 팀전이라는 거지."

세 명이라니. 지금 수학 플레이어를 하는 건 진과 윤경이 둘뿐이었다.

"마지막 한 명은 에스를 말하는 건가? 아니면 미래에 우리 팀의 마지막 멤버가 될 거라는 해커를 찾아야 하는 건가?"

진이 난감한 얼굴로 물었다.

"나도 모르겠어. 그날 에스가 접속할지 아닐지는 확인할 방법이 없고, 당장 해커를 찾아내는 것도 불가능한 일 같아."

"그럼 그냥 접속해 볼까? 9월 30일에?"

"그럴 수는 있겠지만, 에스가 오는 게 아니라면 게임을 시작도 못할지 몰라."

윤경이 말이 맞았다. 진의 머릿속이 복잡해졌다.

"네르는 왜 연락이 없는 거지? 만나서 설명을 좀 해 주면 좋을 텐데……."

그때였다. 마치 기다렸다는 듯 핸드폰이 울렸다.

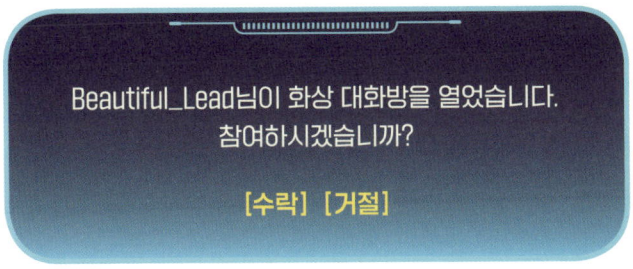

메시지를 본 진의 눈이 휘둥그레졌다. 윤경이도 메시지를 보고 놀란 눈치였다.

"뷰티풀 리드? 누구지? 리드? 전에 네가 만났다던 경호원 이름이 리드 아니었어?"

"맞아. 왜 네르가 아니라 리드가 연락했지?"

"네가 수락을 하자마자 메시지가 온 거 보니 게임에 대해 설명해 주려는 거 아닐까? 어떻게 세 명의 파티를 만드는지 말이야. 나도 같이 갈래."

진은 고개를 끄덕였다. 두 사람은 운동장 구석에 있는 벤치로 향했다. 윤경이의 어깨를 잡은 채 진은 [수락] 버튼을 눌렀다. 새하얀 빛이 아이들을 감쌌다.

"아이고, 진 박사님, 잘 계셨어요? 잠깐 못 본 사이 키가 더 큰 것 같네요."

귀에 익은 목소리에 진은 눈을 떴다. 익숙한 하얀 공간 속에서 리드가 반갑게 인사했다. 진도 활짝 웃으며 인사했다.

"오랜만이에요. 잘 지내셨어요? 아, 여기는 윤경이예요. 지난번 시크릿 퀘스트에서 구한."

"안녕하세요."

윤경이가 짧게 인사했다. 예상치 못한 윤경이의 등장에 리드는 조금 당황한 눈치였다.

"아, 윤경 님도 오셨군요! 세상에. 이렇게 어린 윤경 님을 만나다니 기분이 묘하네요. 미래에서는 조금…… 뭐랄까, 카리스

마가 넘치는 편이시죠. 사실 저는 진 박사님의 경호원인지라 미래에서도 윤경 님은 가까이 뵙지 못했습니다."

리드가 덩치에 맞지 않게 긴장하며 말을 이었다. 말이 횡설수설 길어질 것 같은 느낌에 진이 얼른 끼어들었다.

"저, 네르나 티아는 접속하지 않았나요?"

진의 물음에 리드의 표정이 어두워졌다.

"오늘은 저만 왔습니다."

"왜요? 혹시 두 분에게 무슨 일이 생겼나요?"

진이 걱정스러운 얼굴로 물었다.

"그게……그건 아니고요. 사실 이건 비밀인데요, 제가 그분들 몰래 접속했습니다. 경호원인 저 혼자 여기까지 오는 게 얼마나 힘들었는지 두 분은 상상도 못 하실 거예요."

"몰래 왔다고요?"

진이 되묻자 리드가 눈을 피했다. 리드는 애써 긴장감을 감추며 설명을 이어 갔다.

"네, 수학 메이즈가 열린다는 메시지 받으셨지요? 그것 때문에 진 박사님께 꼭 드릴 말씀이 있어서요. 이번 메이즈는 세 명

이상 팀을 만들어야 참가할 수 있는데, 아직 두 분은 마지막 팀원을 찾지 못하셨잖아요. 그런데도 네르와 티아 님이 게임을 진행하는 건 진 박사님이 참가하지 못해도 상관없다고 생각하기 때문이에요."

깜짝 놀란 진이 물었다.

"그게 무슨……? 수학 플레이어는 저와 윤경이를 위해 만들어진 게 아닌가요?"

윤경이도 당혹스럽기는 마찬가지였다.

"어째서 저희가 게임을 안 해도 상관없다는 거죠?"

당황한 두 사람의 질문에 리드가 침울한 얼굴로 답했다.

"네르와 티아 님이 깨달았거든요. 반드시 진 박사님이 아니어도…… 상관없다는 걸."

"제가 아니어도 된다고요?"

리드는 무언가를 고민하는 듯 잠시 가만히 있다가 다시 말을 꺼냈다.

"생각해 보세요. 네르는 과거에서 찾고 싶은 사람의 위치를 확인한 후 수학 플레이어를 통해 만나는 방법을 알아냈어요.

게다가 이미 핵전쟁을 막을 공식도 미래에는 다 개발되어 있는데, 굳이 진 박사님한테만 매달릴 필요가 없잖아요. 핵전쟁이 일어나기 전 우리 팀에 있는 수학자 중 적당한 사람을 골라 그 사람의 과거로 가서 수학 공식을 전달하기만 하면 핵무기를 해체할 수 있으니까요. 에스처럼 똑똑한 미래의 아이를 잘 키워 과거의 수학자에게 보낸다면 충분히 공식을 이해시킬 수 있을 거예요."

"그, 그게 무슨……."

진은 머릿속이 하얘져 대꾸할 말을 찾지 못했다.

"윤경 님도, 아직 두 분이 찾지 못한 해커도 마찬가지예요. 이미 공격당한 세 분보다 똑똑한 아이들을 찾아 미래의 지식으로 교육하는 게 더 효율적이지요. 이번 수학 메이즈도 진 박사님을 위한 게 아니라 미래의 아이들 중 우수한 인재를 가려내기 위한 시합이에요. 네르의 계획을 실행하려면 미래에서 더 많은 인재를 찾아내야 하니까요."

진은 혼란스러웠다. 내가 이제 필요 없다고? 똑똑한 아이면 아무나 상관없다고? 놀라서 아무 말도 못하는 진을 대신해 윤경이가 입을 열었다.

"왜 우리에게 그런 이야기를 해 주시는 거죠?"

"아까 말씀드렸듯, 저는 진 박사님을 응원하니까요. 어쨌거나 핵전쟁을 막은 건 진 박사님과 윤경 님인데 이제 와서 그 지식만 자기 입맛대로 사용하고 두 분을 모른 척 하면 안 되잖아요. 핵전쟁을 막은 덕분에 두 분이 미래에서 얼마나 유명하신데요. 그 지식도 명예도 다 두 분의 것이니까 어떻게든 두 분이 되찾으셔야지요."

진은 리드의 말에 놓치고 있던 중요한 사실을 깨달았다.

'내가 만든 내 것이구나.'

진은 핵전쟁을 막아야 한다는 부담감에 자신이 개발했다는 핵폭발에 관한 공식은 생각하지 않고 있었다. 그건 오롯이 미래의 내가 노력한 성과다. 공식을 이용해 해체 프로그램을 만든 것은 윤경이가 해낸 일이고. 우리가 개발한 지식을 네르가 마음대로 사용할 권리가 있는 걸까?

진과 윤경이는 혼란스러운 표정으로 서로를 바라보았다.

"사실 본부에서는 이미 마지막 멤버인 해커와도 접촉했어요.

그분 역시 사야프에게 공격을 당한 상태였는데, 두 분과 다르게 수학 플레이어를 할 의지가 없더라고요. 이런 상황이니 두 분은 마지막 팀원을 구하지 못할 테고 게임 참가도 못하실 거예요. 하지만 저는 진 박사님이 게임을 계속하셨으면 좋겠어요. 이번 메이즈에서도 보란 듯이 우승하시길 바라고요. 필요할 때만 진 박사님을 이용하려는 네르의 생각에 동의할 수 없거든요. 저는……."

리드는 갑자기 화들짝 놀라며 말을 멈추었다. 그러더니 무언가에 쫓기듯 서둘렀다.

"아! 죄송합니다. 이제 나가야 할 것 같아요. 오늘 대화는 비밀이니까, 혹시라도 네르나 티아 님께 이야기하시면 안 돼요. 그리고 힘내세요! 어떻게 해서든 꼭 참여해서 우승하세요. 아시겠죠? 파이팅입니다!"

"리드, 잠깐만요! 더 물어볼 말이……."

진의 다급한 목소리에도 아랑곳하지 않고 리드는 종료를 외쳤다. 다시 하얀빛이 진과 윤경이를 감쌌다. 아이들은 현실로 돌아왔다.

진은 아무 말 없이 고개를 푹 숙였다. 윤경이도 생각에 잠긴 듯 먼 곳만 바라보았다. 갑작스러운 이야기에 놀란 두 사람은 서로에게 어떤 말도 건네지 못했다. 자신들이 조금 전 무슨 이야기를 들은 건지, 앞으로 어떻게 해야 하는 것인지 막막하기만 할 뿐이었다.

먼저 침묵을 깬 것은 윤경이였다. 윤경이는 한숨을 크게 쉬고는 진에게 물었다.

"괜찮아?"

"아……아닌 것 같아. 미안한데 잠깐만. 그냥 아무 말도 하고 싶지 않아."

진은 윤경이를 쳐다보지도 않고 대답했다. 또다시 긴 정적이 흘렀다. 윤경이가 다시 입을 뗐다.

"리드의 말이 당황스럽기는 한데, 미래의 사람들로서는 어쩔 수 없는 결정이라고 생각해. 다른 대비책 없이 우리가 똑똑하게 커 주길 바라고만 있을 수는 없으니까. 차라리 더 똑똑한 애들을 찾아서 자신들이 가진 지식을 빨리 전달해 주는 게 낫지. 조금 전까지 우리도 우리만 생각하기로 했잖아. 그 사람들도 그런 거겠지."

진은 대답이 없었다. 그리고 또다시 한참의 시간이 흘렀다.

"힘……."

진이 작게 웅얼거렸다.

"응? 뭐라고?"

윤경이가 되묻자, 진이 힘겹게 입을 열었다.

"돌아가시기 전에 부모님이 항상 말씀하셨거든. 지식은 힘이라고, 권력이 될 수 있다고. 수학도 마찬가지라고 하셨어. 그래서 수학 공부보다 더 중요한 건 수학으로 어떻게 더 나은 세상을 만들까 하는 마음가짐이라고."

윤경이가 고개를 끄덕이며 수긍했다.

"하긴, 핵분열에 관한 공식으로 전쟁을 막을 수도 있지만 전쟁을 일으킬 수도 있으니까. 원하는 사람에게 비싼 값에 팔 수도 있고."

"그렇게 큰 힘이 있는 지식을 적당한 사람에게 그냥 준다고? 그것도 우리가 만든 걸 아무런 허락도 없이? 대체 네르와 티아는 왜 그런 결정을 한 거지? 내가 부족해서? 수학 플레이어를 한 지 얼마 되지도 않았잖아!"

　진의 목소리가 흥분으로 떨리고 있었다. 진은 애써 침착하려고 했지만 하늘이 무너지는 것 같았다. 이제 내가 필요 없다니. 수학 플레이어를 못하게 된다니. 속상함에 진의 눈시울이 벌겋게 달아올랐다. 곧 울음이 터져 나올 것 같았지만, 윤경이 앞에서 우는 모습을 보이고 싶지는 않았다. 꽉 움켜쥔 주먹이 부들부들 떨렸다.

　이런 진의 마음을 아는지 모르는지, 윤경이가 굳은 표정으로 냉정하게 말했다.

　"진, 정신 차려. 정확히는 우리가 만든 게 아니고, 저들 세계의 진 박사와 윤경이가 만든 거야. 네가 말한 대로 시간의 기차가 다르다면 말이야. 감정적으로 생각하지 말고 이성적으로 판단하자. 우리가 미래의 사람들에게 책임이 없듯, 네르도 우리 인생을 책임질 의무는 없어."

빈틈 혹은 오류

"하아."

진은 깊은 한숨을 쉬었다. 윤경이와 헤어진 후 진은 동네 공원 벤치에 몇 시간째 앉아 있었다. 저녁밥 먹을 시간이 다 되었지만, 집에 돌아가고 싶지 않았다. 대책도 없이 윤경이와 마주치기는 싫었다.

퉁, 퉁, 퉁.

얼마나 지났을까, 어디선가 공이 무겁게 튀는 소리가 들렸다. 공원 반대쪽 농구대 근처에서 나는 소리였다. 무심결에 고개를 돌려 바라보니 낯익은 여자아이가 농구를 하고 있었다. 같은 반 휘경이였다.

휘경이는 골대를 향해 공을 여러 번 던졌지만 한 번도 공을 제대로 넣지 못했다. 땀을 뻘뻘 흘리면서도 포기하지 않는 걸 보니 내일 있을 체육 수행 평가를 준비하는 모양이었다.

자신을 보는 시선을 느꼈는지 휘경이가 갑자기 연습을 멈추고 진이 앉아 있는 곳을 돌아보았다. 두 사람의 눈이 마주쳤다. 진은 얼른 고개를 푹 숙였지만 휘경이는 이미 진을 알아보았는지 손을 흔들며 진을 불렀다.

"진!"

진은 못 들은 체했다. 휘경이는 다시 큰 소리로 진을 불렀다.

"진! 여기야, 여기!"

진이 한 번 더 못 들은 체하자 휘경이는 아예 공을 들고 진에게 다가왔다.

"못 들었어? 계속 불렀는데."

휘경이가 헉헉거리며 진의 앞에 섰다.

"왜?"

진은 퉁명스럽게 대답하려고 했지만 왠지 쑥스러운 기분이

들었다. 몇 달 전 수학 공원에서 태민이 무리와 시비에 휘말렸을 때 휘경이네 아빠가 진을 도와준 일이 있었다. 휘경이도 그 사실을 알고 있을 것 같아서 진은 휘경이를 볼 때마다 일부러 시선을 피해 왔다.

'얘는 예쁘고 상냥해서 맨날 친구들에게 둘러싸여 있으니까 내가 자기를 피해 다닌 것도 모르겠지만.'

진은 순간 휘경이가 예쁘다고 생각한 것에 혼자 당황했다. 조금 전까지 고민하던 문제는 순식간에 잊어버렸다.

"나 농구하는 것 좀 알려 주면 안 돼? 내일 수행 평가잖아."

휘경이가 살짝 웃으며 말했다. 당황한 진은 일부러 쌀쌀맞게 대꾸했다.

"아빠한테 배워."

휘경이는 진의 기분을 눈치채지 못했는지 아랑곳하지 않고 부탁했다.

"우리 아빠 요즘 계속 야근이야. 너 농구 잘하잖아. 좀 알려 주라. 대신에 내가 나중에 미술 수행 평가 도와줄게. 나 예중 입시 준비하고 있거든. 이래 봬도 그림은 좀 한다니까."

진은 뭐라고 대답해야 할지 몰라 입을 다물었다. 살갑게 다가오는 휘경이에게 계속 쌀쌀맞게 굴고 싶지는 않았다. 진의 대답을 기다리던 휘경이는 털썩하고 진의 옆에 앉았다. 당황한 진은 스프링 튀어 오르듯 벌떡 일어나며 소리쳤다.

"알았어! 농구하자!"

진은 성큼성큼 골대 쪽으로 걸어갔다.

"던져 봐."

뒤따라온 휘경이가 진지하게 자세를 잡고 골대를 향해 공을 던졌다. 자세에는 문제가 없었다. 하지만 휘경이의 공은 골대 근처에도 못 가서 떨어졌다. 휘경이가 쑥스러운 듯 진을 보며 씩 웃었다.

"아무리 해도 안 들어가네."

"몇 번만 더 해 볼래? 뭐가 문제인지 생각해 볼게."

"알았어."

휘경이는 멀리 굴러가는 공을 잡으러 뛰어갔다. 진은 휘경이의 모습을 보며 아빠에게 처음 농구를 배웠던 때를 떠올렸다.

"아빠, 아무리 해도 안 들어가요."

"지금 어떻게 공을 던지고 있는데?"

"림에 닿게 힘껏 던지고 있지요."

"림에 닿게 던지면 안 되고 림 안으로 떨어지게 던져야지."

"에?"

진이 아빠의 말을 전혀 이해하지 못한 듯 황당한 표정을 짓자 아빠는 핸드폰을 켜서 사진을 한 장 보여 주었다.

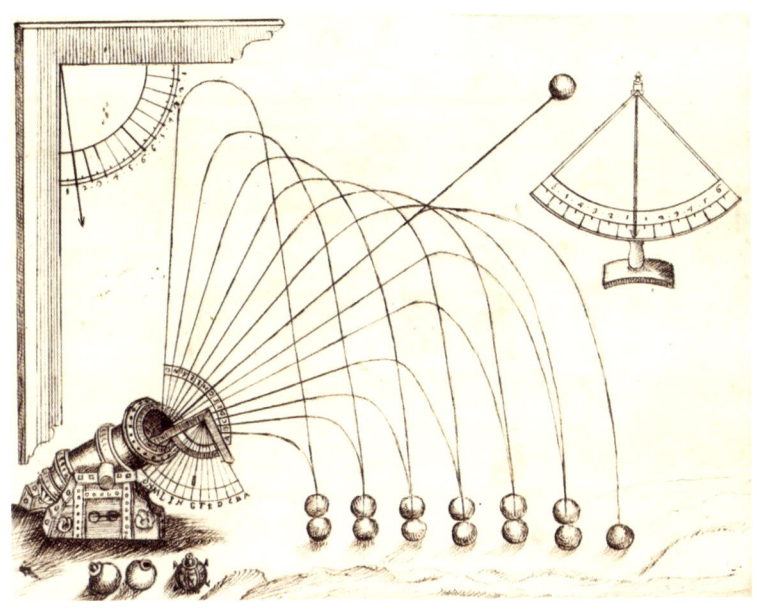

사진은 책에 실린 그림을 찍은 것이었다. 언뜻 보기에도 아주 오래된 책 같았다.

"봐 봐. 이건 옛날 사람들이 대포를 쏘았을 때 포탄이 날아가는 모습을 상상해서 그린 거야. 1600년대니까 아주 오래전이라고는 할 수 없지만 말이야. 이 시기 수학자들은 여러 가지 모양의 곡선에 관해 연구했단다. 이 그림에서 알 수 있듯이 포탄이 움직이는 모양을 수학적으로 어떻게 설명할 수 있을까 고민하기도 했어."

"갑자기 무슨 얘기를 하시는 거예요."

진이 부루퉁한 표정으로 말했다.

"그림을 잘 봐. 포탄이 높은 곳까지 날아가다가 갑자기 뚝 떨어지지?"

"네."

"포탄의 움직임을 수학적으로 연구한 것은 의미 있는 일이었지만, 사실 이 그림은 잘못되었어."

아빠는 나뭇가지를 주워 운동장 모랫바닥에 쓱쓱 그림을 그리며 이야기를 계속했다.

사실 포탄은

이렇게 뚝 떨어지는 게 아니라

이렇게 포물선을 그리며 떨어진단다.

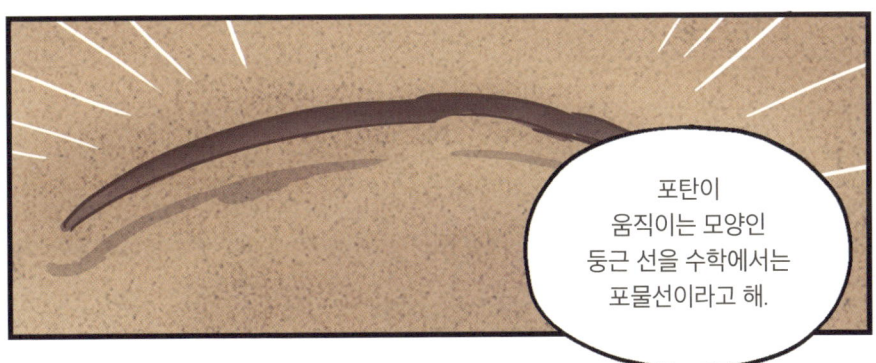

포탄이 움직이는 모양인 둥근 선을 수학에서는 포물선이라고 해.

아빠는 농구공을 주워 진에게 건네며 말했다.

"그러니까 진과 골대 사이에 중간 지점쯤에서 공이 가장 높이 올라간다고 생각하고 공을 던져야 해. 림을 맞히는 것이 아니라."

진은 아빠가 그린 그림을 보면서 눈대중으로 자신과 골대의 중간쯤 위치의 하늘을 향해 공을 힘껏 던졌다. 하지만 공은 골대에 들어가지 않았다.

"뭐예요. 안 들어가잖아요."

진은 툴툴거리며 뛰어가 공을 주워 왔다.

"그럼 포물선의 알맞은 각도와 최고점을 수학식으로 계산해 볼까?"

아빠의 눈이 반짝거리기 시작했다. 진은 빨리 아빠를 멈춰야 했다. 이러다가는 농구 끝, 수학 공부 시작이다.

"아빠, 지금은 수학 시간이 아니잖아요. 자꾸 수학 이야기하면 저 들어갈 거예요."

진의 엄포에 아빠가 멋쩍게 웃었다.

"하하. 알겠어, 이 녀석아. 그럼 아빠가 팁을 하나 알려 줄게.

농구대 판에 있는 네모 보이지? 공을 거기에 맞힌다고 생각하고 던져 보렴."

"네?"

진은 의심스러운 표정을 지었지만 작은 네모를 향해 힘껏 공을 던졌다. 판에 맞은 공은 림 안으로 툭 떨어졌다.

"와! 성공이다. 드디어 골이에요. 어떻게 한 거예요?"

"공이 림에 맞으면 튕겨 나오지만 판에 맞으면 바로 아래로 뚝 떨어지게 되어 있어. 공은 회전하면서 날아가는데 판에 맞을 때 그 회전이 멈추면서 아래쪽으로 떨어지는 거야. 이건 작용 반작용의 법칙을 생각하면 간단해."

"아빠!"

진은 슬슬 또 긴 설명을 시작하려는 아빠의 말을 빠르게 막았다. 그리고 다시 한번 있는 힘껏 공을 던져 농구대 판에 그려진 네모를 맞혔다.

철썩.

공이 시원하게 림을 통과했다.

"이야!"

진이 기분 좋게 소리쳤다.

"거 봐, 아빠 말대로 하니까 잘되지?"

아빠가 으쓱하며 진의 머리를 쓰다듬었다.

"저는 그냥 네모 판에 공을 맞혔을 뿐이고요. 아빠가 왜 농구를 못하는지 알겠네요."

"응? 왜?"

"농구를 머리로만 하니까요."

"하하, 그럴 수도 있겠구나."

아빠의 호탕한 웃음에 기분이 풀린 진은 자기도 모르게 따라 웃었다. 그런 진을 다정하게 바라보던 아빠가 갑자기 진지한 표정을 지었다.

"그런데 진, *좋은 수학자란 결국 기존 수학 지식의 빈틈을 찾아, 혹은 오류를 찾아 새로운 수학을 만들어 내는 사람이란다. 대포가 뚝 떨어지는 게 아니라는 사실을 밝히는 것처럼 말이지.* 수학자에게는 용기와 도전 정신이 있어야 해, 알겠니?"

"네, 네. 하지만 지금 우리에게 필요한 건 농구 연습이라고요."

툭.

림을 맞고 튄 공이 발 앞에 굴러오자 진은 정신이 번뜩 들었다. 진이 추억에 잠긴 사이 휘경이는 농구공을 계속 던지고 있었다.

"뭐가 문제인지 발견했어?"

휘경이가 빨개진 얼굴로 진을 바라보며 말했다.

진은 아빠에게 들었던 설명을 해 줄까 하다가 바로 생각을 접었다. 괜히 휘경이에게 수학 잘한다고 잘난 척하는 것처럼 보이기 싫었기 때문이다. 대신 진은 요령을 알려 주었다.

"공을 두 손으로 던져 볼래?"

"두 손으로? 알았어."

"힘이 문제인 거 같거든. 공을 받치는 손은 공이 흔들리지 않고 똑바로 나가도록 지지대 역할을 하고, 공을 던지는 손은 공이 날아갈 수 있게 힘을 줘야 하지. 그런데 한 손으로 무거운 농구공을 밀기에는 네 힘이 부족한 것 같아. 자세는 생각하지 말고 그냥 두 손으로 잡아서 가슴에서 시작해서 힘껏 던져 봐. 림 뒤에 직사각형 모양을 맞힌다고 생각하면 돼."

림에 달린 그물에서 기분 좋은 소리가 나면서 공이 땅으로 떨어졌다. 휘경이가 환하게 웃으며 진을 바라보았다. 진의 얼굴에도 미소가 번졌지만 진은 멋쩍은 듯 얼른 표정을 감췄다.

"이제 잘하니까 나 갈게."

"잠깐, 도와줬으니까 내가 음료수라도 사 줄게."

휘경이가 공을 들고 빠르게 진의 뒤를 쫓았다.

"아니야, 괜찮아."

"그러지 말고 잠깐만 앉아 있어."

휘경이는 아예 진의 한쪽 팔을 잡아끌더니 벤치에 데려가 앉혔다. 그러고는 농구대 옆에 보이는 자판기로 뛰어가 캔 음료수를 뽑아 와 진에게 내밀었다.

"고마워. 덕분에 성공했다."

휘경이는 땀에 젖은 얼굴에 엉겨 붙은 머리카락을 떼어 냈다. 진은 아무 말 없이 음료수를 마셨다.

"조금 있으면 추석 연휴네. 연휴 때 뭐해?"

휘경이가 물었다.

"별다른 계획 없는데."

"좋겠다. 난 학원 가야 해. 예중 시험 준비하느라 여름 방학 때도 내내 미술 학원에서 살았어. 쉴 틈이 없다니까."

"그렇구나. 힘내."

"고마워."

휘경이가 밝게 웃으며 대답했다. 별말도 아니었는데, 고맙게 받아들이는 휘경이를 보며 진은 쑥스러운 기분이 들었다. 대꾸할 말을 생각해 내지 못한 진은 애꿎은 음료수 캔만 만지작거렸다.

"그런데 말이야, 너 은근히 인기 많은 거 알아?"

휘경이가 장난스럽게 웃으며 말했다. 진은 영문을 모르겠다는 얼굴로 휘경이를 쳐다보았다.

"똑똑하고 운동도 잘하잖아. 게다가 태민이도 안 무서워하고. 태민이네 애들한테 당당하게 맞서는 건 전교에 너밖에 없을걸?"

휘경이의 칭찬에 진의 얼굴이 빨개졌다.

"무슨 이상한 소리야."

진은 휘경이 쪽은 쳐다보지도 못한 채 벌떡 일어났다. 심장이 너무 두근대서 가만히 앉아 있을 수가 없었기 때문이다.

"나 먼저 가 볼게."

깜짝 놀란 휘경이가 동그래진 눈으로 진을 쳐다봤다.

"어, 어. 오늘 농구 고마웠어."

진은 아무 대답 없이 음료수 캔만 손에 쥐고 빠른 걸음으로 공원을 벗어났다.

수학 노트

포물선의 약속

평면 위에서 한 정점과 이 점을 지나지 않는 한 정직선까지의 거리가 같은 점들의 자취를 포물선이라고 한다. 포물선을 그리는 방법은 다음과 같다.

평면 위에 한 점 F를 그린다. 그 점을 지나지 않는 임의의 직선 L 을 그린다.

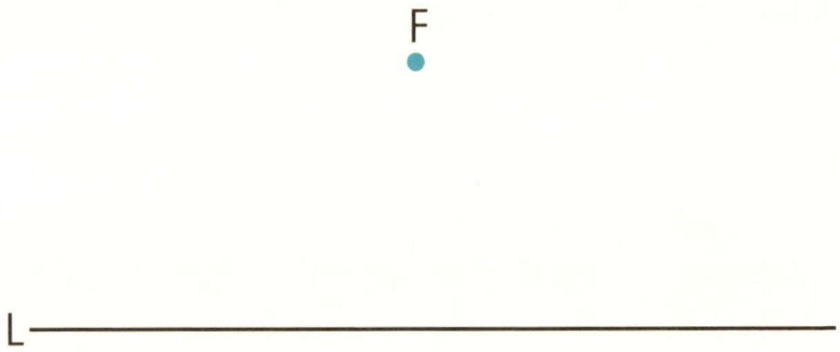

F

L

처음 그린 점과 직선까지의 거리가 같은 점들을 표시한다. 예를 들어, 다음 그림의 P1에서 점 F까지의 거리와 P1에서 직선 L 까지의 거리는 서로 같다.

수학 노트

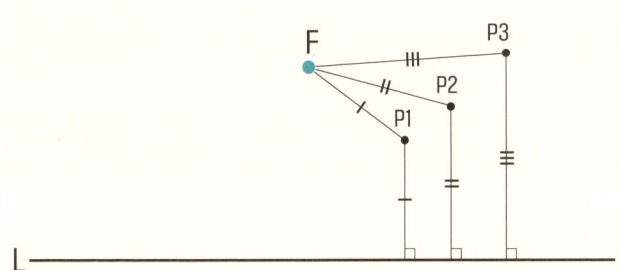

이 점들을 이었을 때 만들어지는 도형이 포물선이다. 아래 그림에서 붉은색 선으로 표시된 도형이 포물선이다.

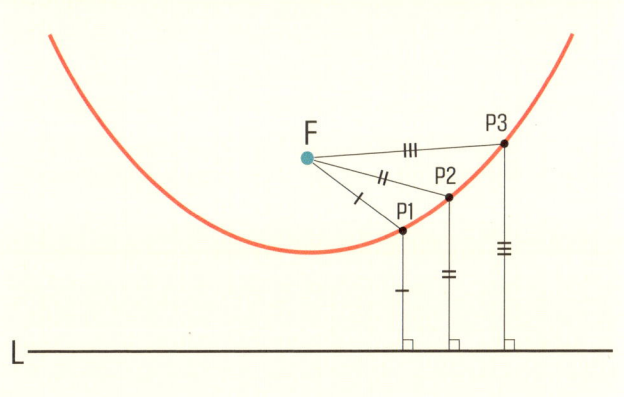

플랜 B

저녁 식사를 마친 후 진은 윤경이의 방으로 건너갔다. 진은 결연한 목소리로 말했다.

"나 수학 메이즈 하고 싶어."

"응."

책상 앞에 앉아 책을 읽고 있던 윤경이가 고개도 돌리지 않은 채 시큰둥하게 대답했다. 응? 응이라고? 윤경이의 반응에 왠지 울컥한 진이 되물었다.

"왜냐고 안 물어?"

"하고 싶다며. 그 이유까지 내가 알아야 해?"

예상치 못한 반응에 진은 할 말을 잃었다. 윤경이는 천재적인 두뇌를 얻은 대신 따뜻한 심장을 잃어버린 게 아닐까? 아빠와의 기억, 네르에게 능력을 증명하고 싶은 욕심, 좋은 수학자가 되고 싶다는 열망, 후회를 남기고 싶지 않다는 의지……. 윤경이의 방문을 두드리기 전까지 고민했던 수십 개의 평계가 필요 없게 되는 순간이었다.

윤경이는 보던 책을 탁 하고 덮더니 진을 바라보고 말했다.

"수학 메이즈 도전은 나도 찬성이야. 네르의 계획이 무엇이든 상관없어. 나는 내가 하고 싶으니까 그냥 할 거야. 가능하면 미래에 무슨 일이 벌어지고 있는지 직접 확인해 보고도 싶고."

"응."

진이 눈을 빛내며 고개를 크게 끄덕였다.

"그래서 계획이 뭔데? 설마 아무 준비도 없이 내 공부 시간을 방해한 건 아닐 테고."

진은 선생님 앞에서 가창 시험을 보는 것처럼 긴장된 기분이 들었다.

"어, 어. 그게, *모든 문제의 해답은 그 문제 자체에 있는 법이*

잖아."

진은 마른침을 꿀꺽 삼켰다.

"세 명 이상의 팀을 만들라고 했으니까 우선 여러 가지 가능성에 대해 검토해 보자. 일단 미래에 있는 에스는 연락할 방법이 없고, 우리랑 같은 시대에 살고 있을 해커를 찾는 방법부터 차근차근 생각해 보면 어떨까? 리드가 본부에서 이미 찾았다고 말했으니 우리도 찾을 수 있지 않을까?"

"그럴 수도 있겠네."

윤경이가 고개를 끄덕였다.

"네르는 미래의 우리랑 일하니까 과거에 우리가 어디에 있는지 추측하기가 쉬웠을 거야. 그런데 사야프와 검은 천사들은 내 위치를 어떻게 찾아내는 걸까? 그것도 수학 플레이어를 할 때만."

차근차근 생각을 정리하며 말하던 진이 갑자기 궁금하다는 표정을 지었다.

"아마도 서버를 해킹해서 IP 주소를 추적하는 것 같아."

"서버? IP?"

진이 되묻자 윤경이가 설마 그런 것도 모르냐는 얼굴로 쳐다보았다. 천재 소녀 윤경이는 진이 무언가를 물어보면 한심하다는 표정을 감추지 못했지만 언제나 끝까지 차근차근 설명해 주었다.

"기초적인 것도 모르면서 나한테 계획을 설명하려고 한 거야? 정말 못 말린다니까. 일단 서버에 대한 기본 개념을 알려줄게. 네가 이해할 수 없는 내용은 빼고 설명할 테니까 궁금한 거 있으면 물어봐."

"응? 응."

"인터넷은 해 봤지?"

"에? 날 너무 띄엄띄엄 보는 거 아니야?"

진이 황당해하는 것에 아랑곳하지 않고 윤경이는 설명을 계속했다.

"숙제를 하기 위해 인터넷에서 자료를 찾는다고 생각해 봐. 그럼 누군가가 먼저 자료를 인터넷에 올려 두었어야 하고 그 자료는 24시간 언제나 볼 수 있어야겠지?"

"응."

"예를 들어, 수학 플레이어는 네르가 가진 서버에 있는 프로그램인 거야. 클라이언트인 우리는 핸드폰을 통해 그 서버에 있는 프로그램을 이용하는 거고. 여기까지 이해 돼?"

"응."

진은 진지한 표정으로 윤경이의 말에 귀 기울였다.

"수학 플레이어에는 네르가 허락한 사람만 접속할 수 있어. 허락도 받지 않고 서버에 접속해서 게임을 마음대로 사용하는 것을 해킹이라고 하지."

"허락은 어떻게 받아?"

"예를 들어 볼게. 서버에 접속하는 데 비밀번호가 필요하다고 생각해 봐. 허락받은 사람들에게는 그 비밀번호를 알려 주거나 비밀번호가 없어도 접속할 수 있게 해 주는 거야. 해킹은 허락받지 않은 사람이 몰래 비밀번호를 알아내서 접속하는 거고. 그런 일을 전문적으로 하는 사람들이 해커야."

"해커는 도둑 같은 거구나."

"뭐, 비슷하지."

윤경이가 고개를 끄덕이며 말했다.

"그럼 마지막 팀원이라는 해커는 왜 우리와 함께 일하는 거지? 해커는 별로 좋은 일을 하는 거 같지는 않은데?"

진이 이해되지 않는다는 표정을 지었다.

"음…… 나쁜 해커도 있지만 좋은 해커도 있거든. 자신의 지식을 자료를 훔치는 데 쓰는 해커도 있지만, 다른 해커가 자료를 훔치거나 망가뜨리지 못하도록 막는 해커도 있어. 어떻게 비밀번호를 알아내는지 알아야 거꾸로 그걸 막을 수 있는 거니까. 아니면 나쁜 사람들 컴퓨터에 접속해서 그 사람들을 잡을 자료를 찾아내기도 하고."

"그렇구나."

"그럼 다음 단계. 서버에는 접속한 사람의 기본적인 정보가 남게 되거든. 서버에 접속하는 기계에는 IP 주소라는 게 부여돼. 서버에 접속한 장치와 통신을 하기 위해 사용하는 거야. 쉽게 생각하면 우리 핸드폰의 전화번호 같은 거지. 각 핸드폰의 전화번호가 같지 않듯 IP 주소는 다 달라. 서버에 남은 IP 주소에는 접속 시간뿐 아니라 접속 장소 등의 정보가 같이 저장되고."

"그래서 악성 댓글 쓰는 사람들을 잡을 수 있는 거구나! 뉴스에서 사이버 수사대가 악플러를 잡는다는 이야기를 봤거든."

진이 재미있다는 듯 미소를 지었다.

"아무래도 검은 천사들이 서버에 해킹 프로그램을 깔아 놓은 것 같아. 접속이 감지되면 IP를 통해 우리가 게임을 하는 가상 공간의 위치 좌표를 찾는 거 같은데 말이지……."

윤경이가 이마를 짚으며 중얼거렸다. 더는 윤경이의 말을 이해할 수 없을 것 같다는 느낌이 든 진이 얼른 끼어들었다.

"거기까지. 그럼 우리가 찾는 해커도 서버에 접속하면 IP 주소가 생성돼?"

"그렇겠지, 접속했다면. 하지만 우리는 IP 주소를 볼 수가 없잖아. 서버는 미래에 있으니. 네르나 티아가 우리에게 해커의 IP 주소를 알려 줄 리도 만무하고."

"그렇다면 우리 팀에 미래의 해커를 넣는 건……"

"기각."

윤경이가 깔끔하게 정리했다.

'에스는 연락이 닿지 않고, 미래 해커의 위치는 알 수 없다.'

상황을 정리하자 오히려 더 막막해졌다. 윤경이는 다음 말을 기다리는 듯 진의 얼굴을 빤히 쳐다보았다. 가만히 생각에 잠겨 있던 진이 궁금한 표정으로 입을 열었다.

"근데 말이야. 조금 뜬금없기는 한데, 수학 플레이어 할 때 몸은 그대로 있는데 어떻게 정신만 게임에 접속되는 걸까? 정신만 접속해도 IP 주소가 생성되는 게 이해가 잘 안 돼서."

"이건 내 추측인데, 뇌파를 전자 신호로 바꿔서 접속하는 게 아닌가 싶어."

"뇌파?"

"응. *컴퓨터에는 복잡한 전기 회로가 있는데, 그 회로에 스위치가 켜져서 전기가 흐를 때를 1이라고 하고, 전기가 끊겼을 때를 0이라고 해. 수많은 전기 회로가 1 또는 0 상태가 되는 것을 종합해서 하나의 정보가 컴퓨터에 저장되는 거지.* 뇌파를 전기 신호로 바꿔서 전기 회로로 나타내는 방식으로 우리가 생각하는 정보를 컴퓨터에서 구현하는 거 아닐까?"

"대단하네. 역시 프로그래머답다. 너 진짜 공부 많이 했구나."

진의 칭찬에 윤경이가 으쓱하며 말을 이었다.

"뭐, 이쯤이야. 기본적으로 핸드폰을 잡은 사람의 뇌파로 작동하는 것 같아. 신체가 닿아 있는 사람까지 한 번에 게임 플레이어로 인식하는 건 버그 같고."

"버그?"

"개발자가 미처 생각하지 못한 오류 같은 거."

진은 무언가 깨달은 듯 손바닥을 탁 쳤다.

"윤경아! 넌 진짜 천재야!"

윤경이가 황당하다는 얼굴로 반문했다.

"그건 나도 알아. 갑자기 왜 그래?"

"우리 학교 친구들을 데리고 하자!"

"뭐?"

윤경이가 깜짝 놀란 목소리로 소리쳤다.

"몸이 닿은 상태에서 수학 플레이어를 켜면 같이 할 수 있잖아. 그러니까 친구들을 데리고 접속하는 거지."

"접속은 가능할 것 같은데……. 그렇게 해도 되는 걸까?"

윤경이가 무언가 미심쩍다는 표정으로 말했다.

"메시지에는 팀원에 대한 어떤 조건도 없었어. *이건 문제 출제자의 오류라고 할 수 있지. 기본적으로 문제를 내려면 누구*

나 인정할 수 있도록 조건을 아주 정확하게 썼어야지."

"풋, 너 조금 수학자 같다. 하지만 정말 괜찮은 걸까? 우리 수학 플레이어를 계속 숨겨 왔잖아. 당연히 비밀이라고 생각했는데. 다른 사람들한테 알려 줘도 되는 걸까?"

윤경이는 걱정스러운 얼굴로 진을 쳐다보았다.

"예전에 강훈이가 나랑 같이 수학 플레이어에 접속했었는데 아무 일도 없었어."

진이 차분하게 대꾸했다.

"네르가 강훈이 입을 막아 버렸다며."

"그거야 강훈이가 자꾸 소리를 지르니까 그런 거고. 내가 너를 구하러 접속했을 때도 네르는 아무 말도 하지 않았잖아. 그러고 보니 네르는 수학 플레이어를 숨기라고 말한 적이 없어. 나한테 수학 플레이어를 하라고만 했지. 티아도 죽지 않게 조심하라고만 했어. 그러니까 나 외에 다른 사람은 못 한다는 조건은 없었어. 그랬다면 너도 구하지 못했을 테니까."

"듣고 보니 맞는 말이네. 하지만 위험하지 않을까? 해킹으로 공격당할 수도 있고……. 같이 하는 아이들에게 우리 이야기를 어디까지 말해 줘야 할지도 모르겠어. 미래에 핵전쟁이 난다는 걸 알면 다들 놀라서 기절하는 거 아니야?"

윤경이는 여전히 찝찝한 표정이었다.

"친구들을 위험하게 할 수는 없지. 조금이라도 위험한 상황이 벌어지면 바로 종료하자. 혹시 모르니까 우리가 미래의 사람들과 연락하는 것은 비밀로 하고 가상 현실 게임이라고 하자. 들키지 않는다면 괜찮을 거야. 네가 그랬잖아. 우리는 우리가 할 수 있는 걸 하자고."

진이 말했다.

"응……. 최근에 개발된 가상 현실 게임 테스트라고 하면 의심받지는 않을 것 같아. 위험할 것 같으면 바로 종료하자. 꼭 그래야 해."

윤경이가 마지못해 고개를 끄덕였다.

"걱정하지 마. 나도 다른 친구들을 위험에 빠뜨릴 생각은 없어. 세 명 이상이라니까 사람이 더 많으면 더 유리하겠지? 수학 잘하는 친구들로 모으면 해 볼만 할 것 같아."

진이 윤경이를 향해 밝게 웃었다.

"2주 동안 수학이나 컴퓨터를 잘하는 친구들을 많이 모아 보자……. 그런데 진."

갑자기 윤경이가 심각한 표정으로 진을 쳐다봤다.

"왜?"

"너 친구 있어?"

"아니……. 넌?"

둘은 서로를 마주 보고 한동안 아무 말도 하지 못했다.

수학 노트

이진법과 컴퓨터

우리가 쓰는 인도-아라비아 숫자는 십진법을 사용한다. 진법(進法)은 기준이 되는 수를 정하고 그 수만큼의 묶음과 낱개로 숫자를 표시하는 방법을 뜻한다. 예를 들어 십진법은 십, 즉 10개씩 묶어 세는 방법이다. 숫자 10에는 낱개(1)를 10개씩 묶었을 때 묶음이 1개, 낱개가 0개라는 의미가 있다.

한편 컴퓨터는 이진법을 사용한다. 이진법은 2개씩 묶어 세는데, 기준 수가 2이므로 2보다 작은 숫자 0, 1만 사용한다. 예를 들어, 사탕 3개를 이진법으로 나타내는 방법은 다음과 같다. 이진법으로 나타내기 위해서는 사탕을 2개씩 묶어야 한다.

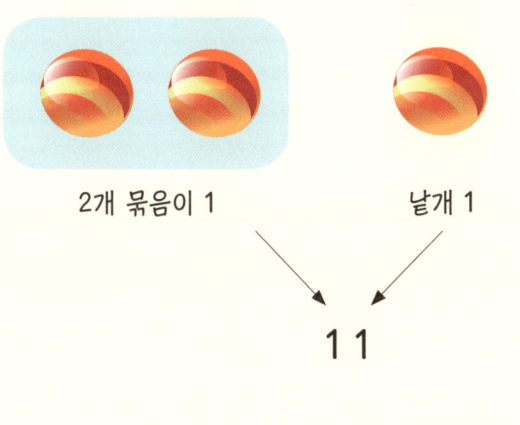

수학 노트

　사탕 2개 묶음이 1개, 낱개가 1개가 된다. 따라서 사탕 3개를 이진법으로 나타내면 11이다.

　컴퓨터는 이진법을 바탕으로 정보를 저장한다. 컴퓨터에는 회로에 흐르는 전기를 순간적으로 차단할 수 있는 스위치가 있다. 이 스위치가 열려서 전기가 흐를 때를 1, 스위치가 닫혀서 전기가 흐르지 않을 때를 0이라고 하면 101, 1010과 같이 스위치가 열리고 닫힘에 따라 전기 신호를 만들 수 있다. 여러 정보는 이러한 다양한 방법의 전기 신호로 변환되어 컴퓨터에 저장된다.

　컴퓨터에서는 정보를 저장하고 명령을 수행하기 위해서 비트(bit)라는 단위를 사용한다. 비트는 '이진 숫자'라는 뜻의 영어 'binary digit'의 줄임말로 0과 1의 값만 가질 수 있다. 8개의 비트가 모인 것을 바이트(byte)라고 한다. 8개의 비트를 모았을 때 각 자리에 0 또는 1을 넣을 수 있는 경우는 256가지이다. 즉, 서로 다른 256개의 바이트가 존재할 수 있다. 간단히 말하면, 256바이트는 256가지의 정보를 저장한다고 생각할 수 있다. 더 많은 정보를 저장하고 싶다면 더 많은 비트가 필요하다. 따라서 킬로바이트, 기가바이트, 테라바이트와 같은 큰 단위가 생겨났다.

문제를 해결하는 방법

다음 날, 진과 윤경이는 쉬는 시간에 교실 뒤편 사물함에 기대어 반 친구들을 관찰했다.

"윤경아, 재원이는 어때? 착하지 않아?"

"뭐, 그런 거 같은데……. 착한 것도 게임에 도움이 되나?"

윤경이의 답이 탐탁지 않다는 듯 진이 작게 한숨을 쉬었다.

"그럼 축구 잘하는 동준이는?"

"수학 게임인데 축구 잘해서 뭐 하게?"

"아, 참. 협조 좀 하지? 다 안 된다 그러면 어떡하냐!"

진이 벌컥 짜증을 냈다. 윤경이도 지지 않고 대답했다.

"넌 그동안 친구 하나 없이 도대체 뭐 하고 산 거냐?"
"그러는 넌!"
"난 아팠잖아!"
　진은 말문이 막혔다. 하긴 그렇지. 그동안 친구 좀 많이 사귀어 둘걸. 이럴 때 게임 같이 할 친구가 한 명도 없다니.
　진이 시무룩해지자 윤경이가 목소리를 누그러뜨리며 말했다.
"더 큰 문제는 따로 있어. 우리가 제안해도 재원이나 동준이가 같이 할지가 의문이야. 토요일 밤에 하는 게임이니까 우리 집이나 너희 집에서 자야 할 텐데 그럴 만큼 친하지 않잖아."
"맞네, 하아……."
　진이 땅이 꺼질 듯 깊은 한숨을 내쉬었다. 처음 친구들을 초대하기로 계획했을 때만 해도 뭔가를 할 수 있다는 기대감에 차올랐는데, 교실 유령이었던 자신은 시도조차 할 수 없는 계획이라는 것을 깨달았다.
"어떡하지?"
　진이 걱정스러운 얼굴로 윤경이에게 물었다.
"뭐, 다른 계획을 생각해 봐야지."

마침 수학 수업을 알리는 종이 울렸다. 아이들은 모두 자기 자리로 돌아갔다.

> 어느 농장에 닭과 돼지가 총 22마리 있다.
> 닭과 돼지의 다리 수의 합이 60일 때,
> 돼지는 몇 마리인지 구하시오.

교실 티브이 화면에 수학 문제가 나타났다. 담임 선생님은 가끔 수학 시간에 재미있는 문제를 내곤 했는데 오늘도 새로운 문제를 소개해 주려는 모양이었다.

"자, 10분을 줄 테니 한번 풀어 보세요."

아이들은 조용히 문제를 풀기 시작했다. 10분이 지난 후 선생님이 말했다.

"문제를 푼 사람은 손 들고 어떻게 풀었는지 설명해 볼까요?"

"선생님! 저요! 저요!"

강훈이가 거의 일어서듯 자리에서 들썩거리며 손을 흔들어 댔다.

"그래, 강훈이가 오늘은 실력 발휘를 하려는 모양이구나. 답은?"

"닭은 14마리, 돼지는 8마리입니다!"

선생님의 눈이 동그래졌다.

"정답이야!"

"오!"

아이들 사이에서 탄성이 나왔다.

선생님이 기특하다는 표정으로 강훈이에게 물었다.

"어떻게 풀었니?"

"찍었습니다!"

강훈이의 씩씩한 대답에 반 아이들이 모두 손뼉을 치며 웃었다. 선생님도 웃으며 말했다.

"잘했구나. 혹시 다른 방법으로 푼 사람은 없을까?"

아이들 사이로 손 하나가 불쑥 올라왔다. 태민이였다.

"태민이, 이야기해 볼래?"

"닭의 수를 □, 돼지의 수를 △라고 하면요, □+△=22가 돼요. 닭의 다리는 2개, 돼지의 다리는 4개니까 (2×□)+(4×

△)=60이 되고요. □+△=22에서 □=22-△라고 쓸 수 있지요. (2×□)+(4×△)=60에서 □ 대신에 22-△라고 쓰면 △값을 먼저 구할 수 있어요. 이 식을 푸는 방법은 중학교 때 배우는데 그것도 설명해야 할까요? 혹시 몰라서 중학교에서 쓰는 문자인 x, y 대신 네모, 세모로 바꾸어 풀기는 했는데요."

굳이 중학교 수학을 이야기하며 거들먹거리다니. 진은 태민이가 어떤 면에서 참으로 성실하다는 생각이 들었다. 끊임없이 잘난 척을 하고, 남을 괴롭히는데 지치지도 않을까?

진의 생각과 달리 선생님은 인자한 표정으로 답했다.

"아니, 그 정도면 충분할 것 같구나. 태민이 말처럼 중학교에서 배우는 거니까 다른 친구들은 이 문제를 식으로도 풀 수 있구나 정도로 이해하면 되겠어요. 또 이야기해 볼 사람?"

이번에는 진이 손을 들었다. 중학교 수학은 배우지 않았지만 나름의 방법으로 문제를 해결했기 때문이다.

"저는 돼지가 두 발로 서 있다고 생각해 보았어요. 닭과 돼지가 모두 22마리이고, 돼지가 닭처럼 두 발로 서 있다고 생각하면 땅에 닿은 발은 22×2, 즉 44개가 돼요. 그런데 문제에서 다리의 합은 60이라고 했으니 60에서 44를 뺀 16이 돼지가 들고 있는 앞발의 개수가 되는 거죠. 돼지 1마리당 앞발 2개를 들고 있으니 16÷2=8, 즉 돼지는 8마리이고, 닭은 전체 22마리에서 돼지 8마리를 뺀 14마리가 되는 거예요."

"그래, 진도 멋지게 잘 풀었구나."

선생님이 흐뭇하게 미소 지었다.

진의 설명이 끝나자마자 이번에는 윤경이가 기다렸다는 듯 손을 올렸다.

"선생님, 저는 표를 그려서 풀었어요. 닭과 돼지의 총 마릿수가 22니까요. 이렇게 표를 보시면 닭이 1마리일 때 돼지가 21마리라고 쓸 수 있어요. 이때, 다리의 개수는 모두 86개예요. 이런 식으로 적어 나가다 보면 답을 찾을 수 있어요."

닭	1	2	…	13	14
돼지	21	20	…	9	8
다리의 개수	86	84	…	62	60

윤경이는 자신의 공책을 보여 주며 설명했다. 진은 얼른 손을 또 들었다.

'그래도 내가 명색이 미래의 수학자인데.'

진은 요즘 수학 시간에 태민이보다 윤경이가 더 신경 쓰였다. 윤경이가 잘하는 과목에는 수학도 있었기 때문이다.

"선생님, 답은 똑같은데요. 다른 방법으로 푼 것도 설명해도 될까요?"

"물론이지."

"그림을 그려서 푸는 방법도 있어요. 닭이랑 돼지 22마리를 원으로 그리는 거예요. 모두 다리를 적어도 2개씩 가지고 있으니 다리를 나타내는 막대를 2개씩 그리는 거지요."

진이 공책을 들어 보였다.

"막대의 개수는 44개인데 문제에서 다리는 모두 60개라고 했으니 16개의 다리가 남아요. 이 다리는 돼지의 다리이고, 돼지의 다리는 모두 4개니까 막대를 2개씩 더 그리는 거예요. 그럼 돼지가 8마리이고 닭이 14마리인 것을 알 수 있어요."

진이 설명을 마치자 선생님이 환하게 웃었다.

"요즘 선생님은 수학 시간이 너무 즐겁네요. 모두 잘 풀었어요. *좋은 수학 문제에는 여러 가지 해결 방법과 그만큼 다양한 답이 존재한답니다. 여러분이 수학 문제는 1가지 방법으로 풀어야 한다는 생각을 버리면 좋겠어요.*"

"네!"

아이들이 대답했다.

선생님은 교과서를 펼치다 말고 무언가 떠오른 듯 다시 말했다.

"참, 강훈이가 찍어서 문제를 푼 것도 수학의 문제 풀이 방법의 하나예요. 예상과 확인이라고 하지요. 찍어서 푸는 게 꼭 나쁜 풀이는 아니랍니다."

선생님의 설명에 강훈이가 친구들 보란 듯이 밝게 웃었다. 그러자 태민이는 뭐가 맘에 안 들었는지 잔뜩 찌푸린 얼굴로 손을 들었다.

"태민아. 무슨 할 말 있니?"

선생님이 의아한 표정으로 물었다.

"선생님이 내 주신 문제는 수학 문제라기보다 그냥 재미있는 퀴즈 같은 거 아닌가요? 그리고 수학은 식으로 문제를 풀어야 하는 과목인데 그림을 그려도 맞고, 강훈이처럼 찍는 것도 맞는다고 하시니 이해가 안 돼요. 이런저런 풀이도 다 맞다, 심지어 다른 답도 괜찮다고 하시면 수학 시험은 어떻게 되는 건가요?"

순간 교실에는 정적이 흘렀다. 오로지 선생님에게만 잘 보이려 했던 태민이가 왜 자기답지 않게 따지듯 이야기하는 걸까.

진은 그 마음이 무엇인지 알 것 같았다. 진이나 강훈이랑 동급으로 취급받는 상황이 못 견디게 짜증 났을 것이다.

선생님은 덤덤한 표정으로 말했다.

"학교 수학 시간에 학생들이 식의 사용 방법을 익힐 수 있도록 주로 식을 이용해 문제를 푸는 건 사실이에요. 하지만 그림을 그리고, 표를 만들고, 심지어 감으로 찍어서 답을 맞히는 것도 수학자의 능력이랍니다. 자신이 예상한 것을 토대로 논리적으로 문제를 해결할 수만 있으면 괜찮아요. 학교에서는 하나의 답이 있는 문제를 주로 사용하지만, 실제 수학은 그렇지 않은 경우가 많아요. *좋은 수학자란 다양한 방법으로 문제를 해결하고, 새로운 문제 해결 방법을 제시할 수 있는 사람이라고 생각해요. 하나의 방법만 고집하다 보면 영영 문제를 못 푸는 경우도 있으니까요. 수학자가 되기 위해서는 문제 풀이 연습을 매일 하는 것보다 어려워도 다른 풀이 방법을 찾아보려는 의지가 더 중요하거든요.*"

선생님의 설명에 태민이는 더는 대꾸하지 않았지만, 마음에 들지 않는다는 표정은 숨기지 못했다. 진은 선생님의 말을 되뇌었다.

'다양한 풀이, 다양한 풀이라……'

진은 무언가 깨달은 듯 공책에 급히 적었다. 수업이 끝나자 진은 메모한 부분을 쭉 찢어 교실 뒤편 게시판에 붙였다.

게임 같이 할 사람 구함

9월 30일 밤 9시부터 가상 현실 게임할 친구 모집.
남학생은 진의 집에서 여학생은 윤경이네 집에서
밤새 같이 할 계획임.
하고 싶은 친구는 9월 30일 저녁 8시까지
밥 먹고 진의 집으로 오기 바람.

주소 : 동대문구 ○○로 ○○○

-윤진

'초대할 수 없다면 스스로 오게 하면 되지.'

자신이 붙인 메모를 바라보던 진은 설마 너무 많은 친구가 같이 하자고 하면 어쩌나, 살짝 걱정이 들었다.

수학 노트

수학의 문제

영미권에서는 수학 문제를 퀴즈(quiz), 퀘스천(question), 프라블럼(problem) 이렇게 3가지로 구분한다.

퀴즈는 배운 내용을 간단히 확인할 수 있는 O, × 문제, 사지선다형과 같은 단답형 문제를 뜻한다.

[퀴즈 문제 예시]
다음 문장을 읽고 맞으면 ( ) 안에 O, 틀리면 X를 쓰시오.
　직육면체의 면의 개수는 5개다. ( )

퀘스천은 풀이 방법과 답을 함께 적어야 하는 주관식 문제를 의미한다. 흔히 문장제라고 부르는 문제들이다.

[퀘스천 문제 예시]
순이는 빨간 꽃을 3송이, 노란 꽃을 2송이 가지고 있습니다. 이 중 빨간 꽃 1송이를 철수에게 주었습니다. 순이에게 남은 꽃은 모두 몇 송이일까요?

프라블럼은 문제 해결력을 요구하는 문제다. 수학자들이 다루는 많은 문제가 프라블럼에 해당한다. 이런 문제에는 다양한 해결 방법과 다양한 답이 존재할 수 있다.

수학 노트

[프라블럼 문제 예시]

오늘은 철수의 생일입니다. 철수는 친구 다섯 명과 함께 생일 파티를 하러 햄버거 가게에 가려고 합니다. 아래 메뉴판의 음식과 가격을 보고, 철수가 무엇을 주문하면 좋을지 결정해 보세요. 철수가 가진 돈은 20,000원입니다.

메뉴판

어린이 메뉴
*모든 어린이 메뉴에는 우유가 무료로 1잔 제공됩니다. 어린이 메뉴는 크기가 작습니다.

핫도그   2,500원
치킨 1조각   3,000원
피자 1조각   3,500원

햄버거
치즈버거   2,500원
불고기버거 3,000원
새우버거   3,000원
야채버거   3,000원

사이드 메뉴
감자튀김   1,500원
비스킷   1,500원

음료
우유   800원
레모네이드 1,300원
탄산음료 1,200원
커피   1,000원

이달의 행사!
매주 목요일 어린이 한 명당 아이스크림 1개 무료

문제를 해결하는 방법 >>

수학 노트

　용돈 20,000원을 가지고 친구들과 음식을 사 먹는 것은 다양한 답이 존재하는 문제다. 어린이 메뉴를 시킬지 말지, 용돈을 다 쓸지 혹은 남길지, 감자튀김을 1개씩 시킬지 나누어 먹을지 등 여러 가지 방법이 있다.

　실제 수학자들의 일 또한 이와 비슷하다. 수학자들은 여러 가지 해결 방법과 답이 존재하는 문제를 풀며 서로의 생각을 비교하고 수학을 발전시킨다.

메이즈의 시작

 드디어 수학 메이즈가 열리는 토요일 밤이 되었다. 같은 한옥에 사는 윤경이와 진은 저녁밥을 먹고 난 뒤 마루에 앉아 있었다. 티브이를 보는 시늉을 했지만 신경은 온통 대문 밖에 쏠려 있었다.

 "벌써 8시가 다 됐네. 아무도 안 오려나 보다."

 윤경이가 벽에 걸린 시계를 흘끗 보며 말했다.

 "그러게……."

 진이 기운 빠진 목소리로 답했다. 이미 진의 할머니와 윤경이네 부모님께 밤에 친구들이 와서 같이 자는 것에 대한 허락까지 받아 두었건만. 두 사람은 침울한 분위기로 말 없이 티브이를 바라보았다.

그때 한옥의 오래된 초인종이 울렸다.

딩동.

진과 윤경이는 눈이 동그래져서 서로를 쳐다보았다. 누가 먼저랄 것도 없이 서둘러 대문으로 뛰어나가 문을 열었다.

"어서!……와."

문을 연 진의 목소리에 실망감이 역력하게 묻어났다. 대문 앞에 서 있는 사람은 강훈이였다.

"오, 브로! 게임을 하는 데 내가 빠질 수는 없지! 아직 시작 안 했지?"

강훈이는 진과 윤경이를 밀치더니 성큼성큼 집 안으로 들어왔다.

"어떡하지? 이제 와 돌아가라고 할 수도 없고."

진이 윤경이의 눈치를 보며 소곤거렸다.

"뭘 어떡해. 지금 찬물 더운물 가릴 때야? 게임에 강훈이가 빠지는 게 더 이상하지. 그나저나 이런 식의 전개는 전혀 예상

못했는데."

 윤경이가 골치가 아프다는 듯 머리를 꾹꾹 누르며 답했다. 하필이면 언제 어디로 튈지 모르는 강훈이라니. 제멋대로 행동하는 녀석인데 과연 도움이 될까?

 윤경이가 심란한 표정으로 대문을 닫으려는 찰나 골목 어귀에서 여자아이의 목소리가 들려왔다.

 "윤경아! 진! 잠깐만! 나도 왔어!"

 모습을 드러낸 것은 휘경이였다. 뛰어왔는지 숨이 턱 끝까지 차 있었다.

 "어……?"

 진의 얼굴이 빨개졌다.

 "엄마가, 후, 허락 안 해 주셔서 설득하느라, 후."

 가쁜 숨을 몰아쉬느라 정신없는 와중에도 휘경이는 설명을 이어 갔다.

 "윤경아, 이따가 우리 엄마랑 영상 통화 한 번만 해 줘. 엄마가 눈으로 확인해야겠대. 너희 부모님과도 통화하시고."

 잠시 후 진의 방에 진, 윤경, 휘경, 강훈이가 동그랗게 모여 앉았다. 처음으로 집에 학교 친구들을 데려온 진의 모습이 기쁜 할머니는 늦은 시각임에도 불구하고 간식을 한 상 차려 주었다. 진이 말문을 열었다.

"더 올 사람은 없겠지?"

"그게 말이야, 사실 태민이가 남자애들한테 너랑 게임 같이 하면 가만 안 둔다고 했어. 다른 애들은 안 올 거야. 난 진정한 용자니까 왔지."

강훈이가 장난스럽게 웃으며 말했다. 어쩐지 아무도 수학 메이즈에 대해 물어보지 않더라니. 태민이를 생각하니 이가 부드득 갈렸지만 진은 애써 화를 눌렀다.

간식을 나누어 먹다 보니 시계는 어느덧 8시 57분을 가리키고 있었다. 진은 일부러 9시 직전까지 아이들에게 별다른 설명을 하지 않았다. 실수로 수학 플레이어에 대해 너무 구체적으로 이야기하는 것을 방지하기 위해서였다.

게임 시작 3분 전, 진은 드디어 게임에 대한 이야기를 꺼냈다.

"이건 '수학 메이즈'라는 일종의 학습 게임인데 새로 개발된 가상 현실 게임이야. 우리는 사전 테스트 같은 걸 하는 거고."

휘경이와 강훈이는 아무런 의심도 없는 표정으로 진의 다음 말을 기다렸다.

"게임이 시작되면 일단 내가 팀장 역할을 할 거야. 독단적으로 행동하지 않도록 조심해 줘."

아이들은 진지한 얼굴로 고개를 끄덕였다.

"가상 현실 게임이면 뭘 끼고 해야 하는 거 아냐? VR 안경 같은 건 없어?"

강훈이가 눈을 반짝이며 물었다. 진이 윤경이와 눈빛을 주고받더니 미리 게임방에서 빌려다 둔 VR 안경을 꺼냈다.

"이, 이걸 끼면 돼. 그리고 시작하기 전에는 자는 것처럼 하고 있자. 게임을 너무 오래 하면 할머니가 걱정하시니까. 그래서 강훈이랑 나랑은 내 방에서 시작할 거고 여자아이들은 윤경이 방으로 가서 시작할 거야."

"하긴, 게임 커터 부모님 잔소리 융단 폭격은 피해야지. 꼭 가장 재미있을 때 전원을 꺼 버리는 재주가 있으니까."

강훈이가 웃으며 맞장구를 쳤다. 진은 시계를 확인했다. 8시 58분.

"시간 다 됐다. 여자애들은 빨리 윤경이 방으로 가. 게임에서 다시 보자."

윤경이는 휘경이를 데리고 자기 방으로 돌아갔다. 아이들은 각자의 방에서 불을 끄고 미리 깔아 둔 이불에 누웠다.

9시. 핸드폰이 울렸다.

띠링.

> 수학 메이즈가 열렸습니다.
> 참여하시겠습니까? [수락]을 누르면
> 시작 지점으로 즉시 이동합니다.
>
> [수락] [거절]

진은 강훈이의 손을, 윤경이는 휘경이의 손을 잡은 다음 다른 손으로 [수락] 버튼을 눌렀다. 익숙한 밝은 빛이 아이들을 감쌌다.

눈을 뜬 강훈이가 크게 소리쳤다.

아이들은 거대한 돔 안에 서 있었다. 돔 전면에는 벽면을 가득 채울 정도로 커다란 모니터가 보였다. 그리고 돔 안 곳곳에는 수십 명의 아이들이 삼삼오오 모여 있었다.

강훈이와 진이 주변을 둘러보는 사이, 게임에 익숙하지 않은 휘경이는 당황한 듯 윤경이의 손을 잡았다.

"요즘 가상 현실 게임은 진짜 리얼하구나. 이거 위험하거나 이상한 거 아니지?"

휘경이가 윤경이에게 물었다.

"응, 괜찮을 거야."

윤경이가 휘경이를 안심시켰다. 아이들이 신기한 표정으로 주위를 두리번거리는 그때, 등 뒤에서 소리가 들렸다.

"진! 나 없이 게임할 생각은 아니겠지?"

익숙한 목소리의 주인공은 에스였다.

"에스!"

진은 한달음에 에스에게 뛰어갔다. 얼굴에는 반가움과 놀라움이 가득했다.

"어떻게 지냈어?"

"뭐, 똑같지."

에스는 대답하며 다른 아이들을 흘끗 쳐다봤다. 에스의 얼굴에 의아함이 가득했다. 진은 에스에게 얼른 친구들을 소개했다.

"여기는 오늘 같이할 친구들."

"에? 우리 수학 학교에 내가 모르는 애들이 있었나? 네르 님이 나까지 해야 너희 팀이 세 명이라고 꼭 참가하라고 했는데……."

"아, 아니. 우리 학교 친구들이야. 강훈이, 휘경이, 윤경이."

"잠깐! 정말 저 분이 윤경 님이야? 그 프로그래머?"

소개를 받던 에스가 감격한 듯이 물었다. 진이 시큰둥하게 대답했다.

"어, 그 윤경이 맞아."

에스는 펄쩍 뛰며 놀라더니 이마가 무릎에 닿을 정도로 허리를 숙이고는 큰 소리로 윤경이에게 인사했다.

"아, 안녕하세요! 정말정말 이렇게 만나 뵙게 돼서 영광입니다. 팬입니다!"

잠시 정적이 흘렀다. 아이들은 어리둥절한 표정으로 에스를 바라보았다. 진이 여전히 고개를 숙이고 있는 에스의 목덜미를 잡아 억지로 등을 일으켜 세우며 말했다.

"에스, 너 뭐 하는 거야?"

에스는 흥분을 감추지 못하며 진의 팔을 쳐냈다.

"윤경 님을 실제로 뵙다니 정말 꿈만 같아요."

"윤경 님?"

진은 황당했다. 다른 세 사람도 영문을 알 수 없다는 표정으로 에스를 바라보았다.

"최고의 프로그래머이자 베일에 가려 그 누구도 실제 모습을 볼 수 없다는 윤경 님! 이분이 개발한 프로그램은 우리 본부 운영 체제의 핵심이라고. 이 가상 게임의 핵심 기술도 모두 윤경 님 작품이지! 미래와 과거가 가상 현실 안에서 연결되는 프로그램이라니, 정말 대단하세요. 윤경 님!"

에스는 잔뜩 흥분해서 떠들어 댔다.

"이상한 소리 그만 좀 하지."

윤경이가 다급하게 에스의 말을 막았다. 강훈이와 휘경이가 눈치채지 못하도록 눈짓으로 두 사람을 가리키며 얼굴을 찡그렸다.

"에스라고 했지? 게임 콘셉트에 몰입을 아주 깊게 했나 보네. 우리는 다 초등학생이니까 윤경 님이라고도 부르지 말고, 존댓말도 하지 마. 휘경아, 강훈아, 저기 좀 봐!"

윤경이는 휘경이와 강훈이의 시선을 다른 곳으로 끌더니, 에스와 멀리 떨어지도록 두 사람을 데리고 갔다. 휙 돌아서는 윤경이의 표정이 어찌나 냉랭한지 에스는 아무 말도 못했다. 잠시 넋 나간 표정이었던 에스가 울상이 되어 말했다.

"윤경 님이 날 별로 안 좋아하시는 것 같아. 내가 실수한 걸까?"

"윤경이가 원래 좀 시니컬하기는 한데, 걱정하지 마. 친구들한테 네가 미래에서 왔다는 걸 들킬까 봐 저러는 거야."

"다른 애들이 대체 누구길래?"

"세 명 이상이어야 메이즈에 참가할 수 있다고 하길래 학교 친구들도 같이 왔어."

"뭐? 학교 친구? 우리 수학 학교 애들이 아니고 진 너희 학교 말하는 거 맞지? 네르 님도 알아? 허락받은 거야? 원래 수학 플레이어 하던 애들이야?"

"하나씩 질문해라. 그리고 목소리 좀 줄여. 네르는 몰라. 우리

반 친구들이야. 그냥 가상 현실 게임인 줄 알고 접속했어."

"너 제정신이야?"

"누구를 초대하면 안 된다는 말은 없었어. 별일 없이 시작하는 걸 보니 괜찮은 것 같은데, 뭐."

"맙소사. 지금 시스템 복구하느라 다들 난리여서 못 알아챘나? 며칠 전에 대규모 해킹이 있었다던데."

진은 경악하는 에스를 무시하고 친구들을 가까이 불렀다.

"얘는 에스야. 나랑 같이 온라인 게임을 하던 친구인데 우리 팀으로 참가하기로 했어."

"오, 브로. 게임 동지를 만났군!"

강훈이가 넉살 좋게 에스에게 다가가 어깨동무를 했다. 에스는 어색하게 웃으며 강훈이의 팔을 치웠다.

"반가워. 같이 잘해 보자."

휘경이도 웃으며 인사했다. 다행히 두 사람 모두 에스가 수상하다고 생각하지는 않는 것 같았다. 설레는 표정으로 돔을 구경하느라 바빠 에스를 의심할 겨를도 없는 듯했다.

진이 돔 안에 있는 다양한 피부색의 참가자들을 흘깃 보고 에스에게 조용히 물었다.

"그런데 저 아이들은 누구야?"

"나랑 같은 시대에서 공부하는 아이들이지. 종종 이렇게 팀을 나누어 수학 플레이어를 해."

"외국인도 많이 보이는 거 같은데? 영어로 말해야 하나? 나 영어 못하는데."

"여기는 가상 공간이라서 자동으로 통역이 되어 들리니까 걱정하지 마."

"진짜?"

깜짝 놀란 표정을 짓는 진의 귀에 대고 에스가 비밀스럽게 말했다.

"사실 미래에서는 태어나면 바로 생체 칩을 머리에 넣어. 거기에 자동 통역 기능이 있어서 따로 다른 나라 말을 배울 필요가 없지. 아마 그 기술을 이 앱에 넣은 게 아닐까 싶은데."

"그런 것도 가능해?"

진이 감탄하며 물었다.

"당연하지. 그럼 너는 지금까지 나랑 어떻게 대화하는 거라고 생각했어?"

"응? 넌 한국 사람 아니야?"

"난 중국에서 태어났어. 지금도 중국말을 쓰고 있고 네 말도 중국어로 들려."

"정말?"

삐―

진이 놀란 눈으로 에스를 바라보는 사이 돔 전체를 가득 채울 정도로 커다란 알림음이 울렸다. 곧이어 모니터 화면이 켜지고 익숙한 얼굴이 나타났다. 티아였다. 진은 순간 반가운 마음이 들었지만 지난번 리드가 해 준 이야기가 떠올라 마음이 심란해졌다.

티아는 차분한 얼굴로 마이크에 대고 이야기를 시작했다.

"수학 메이즈에 참가하신 여러분 환영합니다. 각 팀은 RPG 게임인 수학 메이즈 곳곳에서 제공하는 다양한 미션을 찾아 해결해야 합니다. 미션을 해결할 때마다 팀의 점수가 올라가며 점수는 미션의 난이도에 따라 달라집니다. 1시간 동안 점수를 가장 많이 얻은 팀이 우승하게 됩니다."

강훈이가 기대에 찬 얼굴로 물었다.

"우승 상품은 없나?"

"없어."

에스가 심드렁하게 대답했다.

"쳇."

강훈이가 못마땅하다는 듯 이맛살을 찌푸렸다.

"이상하긴 한데, 본부에서 네가 친구들 데려온 거 아직 발견 못했나 봐. 그냥 시작하는 거 보면."

에스가 진에게 귓속말을 했다.

"그러게. 다행이다."

진이 작게 대답했다. 다시 티아의 목소리가 돔 전체에 크게 울려 퍼졌다.

"이제 각 팀은 정해진 첫 번째 미션 장소로 이동하게 됩니다. 게임을 멈추고 싶다면 언제든지 종료를 외쳐도 좋습니다. 그럼 시작하겠습니다! 행운을 빕니다!"

미션, 방 탈출!

    순간적으로 아이들을 둘러싼 공간이 변화했다. 진과 친구들은 화려하면서도 어쩐지 으스스한 느낌이 드는 방 안에 서 있었다. 꼭 애니메이션의 한 장면 속에 들어온 것 같은 기분이었다. 천장은 끝을 알 수 없을 정도로 높았고 벽은 온통 검은색이었다. 방의 곳곳에는 은색의 굵은 파이프들이 가로로, 세로로 혹은 휘어져서 복잡하게 연결되어 있었고 하얀색의 수증기가 뿜어져 나왔다. 중간중간 놓여 있는 동그란 형태의 통에는 색이 다른 액체들이 부글부글 끓고 있었다. 각 통에는 투명한 파이프들이 연결되어 액체들이 이동하는 모습을 볼 수 있었다.

방 곳곳에는 특이하게 생긴 로봇들이 정신없이 돌아다녔다. 다양한 색과 크기의 로봇 중에는 가운데가 뻥 뚫린 것도 있었다. 구멍 난 부분의 테두리가 미묘하게 움직이고 있었는데, 테두리가 뒤집힐 것처럼 움직이다가 다시 원래의 모습으로 돌아오는 것처럼 보였다. 로봇들은 아이들의 등장에도 아랑곳하지 않고 분주하게 움직였다.

> 지금부터 팀으로 함께 협력하며 방의 문을 열어야 합니다.
> 방을 탈출해 수학 메이즈에 입장하겠습니까?
>
> [수락] [거절]

"오, 방 탈출 게임이군! 진짜 맘에 든다. 환상적이야! 그럼, 시작해 볼까? 흐흐흐."

강훈이가 신난 목소리로 말했다.

"방 탈출 게임?"

진이 물었다.

"단서를 이용해 문을 열고 방을 탈출하는 게임 말이야. 요즘 핸드폰 게임도 엄청 많은데 안 해 봤어?"

"안 해 봤는데……."

"그럼 그냥 이 형님만 믿고 시작하자고!"

강훈이의 재촉에 진은 얼떨결에 수락을 외쳤다.

"시작이다!"

강훈이가 두 팔을 펼치고 뱅글뱅글 돌면서 소리쳤다. 에스가 진에게 살짝 다가와 물었다.

"진짜 도움이 되는 친구 맞지? 좀 남달라 보이는데."

"응, 으응."

윤경이가 진의 팔을 툭툭 치며 말했다.

"저쪽에 문이 있어. 가 보자."

아이들은 윤경이가 가리킨 곳에 있는 원판 모양의 문으로 향했다. 문에는 잠금장치가 있었다. 잠금장치 위에는 30030이라는 숫자가 적혀 있었고, 아래에는 무언가 동그란 것을 꽂을 수 있는 홈이 6개 있었다.

"여기 잠금장치에 비밀번호를 넣어야 할 것 같은데……. 위에 적혀 있는 30030을 그대로 넣으면 되나?"

진의 물음에 강훈이가 혀를 끌끌 차며 답했다.

"으이그, 30030은 다섯 자리인데 저 빈칸은 6개잖아. 당연히 30030은 답이 아니지. 맨날 책만 읽고 있으니 세상 돌아가는 걸 알겠어? 견문을 넓히라고. 브로!"

"머리를 장식으로 달고 다니는 줄 알았더니, 게임은 좀 하나 보네?"

대화를 듣고 있던 윤경이가 작게 중얼거렸다. 어떻게 그 소리를 들었는지 강훈이가 환한 표정으로 말했다.

"내 머리가 장식품처럼 아름답기는 하지. 윤경이 너 보는 눈이 있구나."

윤경이가 어이없다는 표정으로 뭐라고 말하려는 찰나, 진이 얼른 말을 가로막았다.

"어쨌든 문을 열 수 있는 힌트가 이 방 안에 있다는 거지? 시간이 없으니 빨리 흩어져서 단서부터 찾아보자."

"알았어."

윤경이는 마지못해 퉁명스럽게 대답한 후 가까이에 있는 빨간색 통 앞으로 걸어갔다. 통 아래쪽으로 여러 개의 호스가 연결되어 있었는데 그 모습이 마치 문어 같아 보였다. 로봇들이 그 호스에 숫자가 적힌 원판을 집어넣고 있었고, 각 호스 아래쪽으로는 여러 가지 색깔의 원판들이 일정한 속도로 떨어지고 있었다.

"애들아, 이리 와 봐!"

윤경이의 손짓에 아이들이 모였다.

"봐 봐. 이 빨간 통 안에는 2라는 숫자가 새겨진 원판이 가득 들어 있어. 그리고 로봇 하나가 이 호스에 3이라고 적힌 노란색 원판을 넣었더니 바로 호스 아래로 6이라고 적힌 주황색 원판이 나왔어."

진도 옆 호스에 5라는 숫자가 적혀 있는 파란 원판을 넣는 로봇을 보았다. 그 호스 끝에는 10이라는 숫자가 적힌 보라색 원판이 나왔다. 휘경이가 의아한 얼굴로 말했다.

"흐음, 이게 뭐지? 도대체 이 수와 기계들은 무슨 상관이 있는 거야?"

진은 대답 대신 다시 원판들을 살펴보았다.

'2에 3을 넣으니 6이 나오고, 5를 넣으니 10이 나왔어. 2, 3, 6 그리고 2, 5, 10. 어라? 이거 구구단인데? 2×3=6, 2×5=10이 잖아.'

진이 아이들에게 말했다.

"이거 곱하기로 연결되는 거 같아."

에스가 대꾸했다.

"곱하기?"

"응, 2에 3을 넣으면 6이 나온다는 건 2×3=6과 같잖아."

"아! 그렇구나. 그럼 30030이라는 수도 곱하기와 관련이 있겠네. 무슨 수를 곱해야 하는지 찾으면 되는 걸까?"

"곱해야 할 수? 그러게 다시 찾아보자."

아이들은 주변의 통들을 살펴보았다. 빨간 통 옆의 파란 통에는 13이라는 숫자의 원판이 들어있었고, 로봇이 호스에 넣는 원판의 숫자는 7과 11이었다. 진은 원판들을 보며 골똘히 생각했다.

'곱해야 할 수라……. 원판의 숫자에 무슨 규칙이 있을까? 기계에 들어 있거나 호스에 넣는 원판에 적힌 수들은 2, 3, 5, 7,

11, 나온 수는 6, 10, 91, 143…….'

그때 옆에서 원판을 살피던 윤경이가 외쳤다.

"이거 소수네!"

윤경이의 말에 에스도 깨달은 듯 소리쳤다.

"아! 맞네! 소수!"

강훈이가 중얼거렸다.

"소수? 숫자 사이에 점 붙어 있는 거? 수학 시간에 본 것도 같은데 기억이 가물가물하네. 내가 수학이랑은 그다지 안 친해서……."

"그 소수가 아니야."

에스가 자신만만한 미소를 지으며 답했다.

"저, 괜찮으면 무슨 이야기인지 설명해 줄래?"

조용히 있던 휘경이도 궁금하다는 듯 에스에게 물었다.

"음…… *4를 1로 나누면 나머지가 0이지? 그런데 4를 3으로 나누면 몫이 1이고 나머지가 1이야. 1, 2, 4처럼 4를 나누었을 때 나머지가 0이 되게 하는 수를 약수라고 해.* 이건 아마 5학년 때 배웠을 거야."

"맞아. 네가 이야기해 주니까 기억이 난다."

휘경이가 다정하게 웃었다.

"*그런데 3은 1과 3, 즉 1과 자기 자신밖에 약수가 없어. 이런 수를 소수라고 하지. 2, 3, 5, 7, 11, 13 같은 수가 소수야.*"

"아, 그렇구나. 설명해 줘서 고마워."

활짝 웃으며 대답하는 휘경이를 보니 진은 왠지 기분이 좋지 않았다. 윤경이가 말을 이었다.

"여기 원판에 적힌 수는 소수고, 호스 끝에 새로이 나오는 수는 합성수야. *합성수는 소수의 곱으로 만들어지는 자연수를 의미해.*"

"오, 시스터. 대단한데. 어떻게 그런 걸 다 알아?"

강훈이가 감탄했다.

"누가 네 시스터야. 오늘 여기서 인생 하직하고 싶냐? 컴퓨터 암호 생성하는 데 가장 흔하게 사용되는 게 소수니까 알지. 넌 맨날 컴퓨터 게임한다면서 그런 것도 모르냐?"

윤경이가 퉁명스럽게 답했다. 강훈이는 여전히 능글거리며 말했다.

"왕이 시종들 하는 일에 관심이 있냐? 그냥 만들어진 거 기쁜 마음으로 쓰는 거지."

"으이그, 입만 살아서는."

윤경이는 어이없다는 듯 혀를 찼다.

상황을 지켜보던 진은 어쩐지 마음이 급해졌다. 자신도 소수에 대해 알고 있다는 것을 보여 주고 싶었기 때문이다. 하지만 잘난 척하는 것처럼 보이고 싶지는 않았다. 진은 별 이야기 아니라는 듯한 말투로 휘경이에게 말했다.

"소수는 자연수를 이해하는 데 중요한 접근 방법이라고 들었어. 자연수가 어떻게 구성되고 어떤 특징이 있는지 분석하는 데 사용된다고 하더라."

"역시 진! 아는 게 많구나."

휘경이가 웃으며 대답했다. 진이 어깨를 으쓱했다.

"그럼 빨리 문으로 돌아가자."

윤경이의 재촉에 아이들은 잠긴 문으로 향했다.

"30030은 뭐야? 소수야, 합성수야?"

휘경이가 숫자를 보며 물었다.

"당연히 합성수겠지?"

에스가 대답했다.

"응? 어떻게 알아?"

"0으로 끝나는 수는 10의 배수니까. 배수는 배가 되는 수라는 뜻이라는 건 알지? 예를 들어, 구구단에서 2단을 보면 2×2=4, 2×3=6, 2×4=8이잖아? 4, 6, 8처럼 2에 어떤 자연수를 곱해서 나온 수를 배수라고 해. 30030은 3003×10이라고 생각할 수 있으니 적어도 3003과 10이라는 2개의 약수를 가졌다는 것을 알 수 있지. 그러니까 소수가 아니라는 거야."

"아, 그렇구나. 설명을 들으니까 배운 기억이 난다. 여기 무슨 숫자를 넣어야 문이 열리지?"

휘경이는 숫자를 고민하는 듯 진지한 표정을 지었다.

진은 슬슬 기분이 나빠지려고 했다. 에스가 원래 저렇게 친절한 녀석이었나? 진은 얼른 대화에 끼어들었다.

"소수를 이용해 합성수를 만드는 과정을 설명하고 있으니, 합성수를 보여 준다는 건 거꾸로 그 수가 만들어지게 하는 소수를 넣으라는 거 아닐까?"

"아무래도 그렇겠지?"

윤경이가 수긍했다.

"그런데 소수를 어떻게 찾아?"

휘경이의 물음에 진이 얼른 대답했다.

"곱해서 나오는 수가 30030이니까 일단 우리가 아는 소수로 나누어 보자. 예를 들어, 대표적인 소수인 2로 나누면 30030÷2=15015, 그러니까 2는 30030의 약수가 되는 소수인 거지."

에스가 말을 이었다.

"그다음에는 5로 나누어 보면 되겠다. 15015는 5로 끝나니까 5로 나누어떨어질 거야."

몇 번의 나눗셈 끝에 30030을 이루고 있는 약수는 2, 3, 5, 7, 11, 13이라는 것을 알게 되었다. 아이들은 방 곳곳을 돌아다니며 이 숫자들이 적힌 원판을 모두 모아 6개의 홈에 하나씩 꽂았다. 휘경이가 손에 들고 있던 마지막 원판을 꽂자 덜커덕하는 소리와 함께 문에 걸려 있던 자물쇠가 열렸다. 진이 조심스럽게 문을 열자 파란 창이 나타났다.

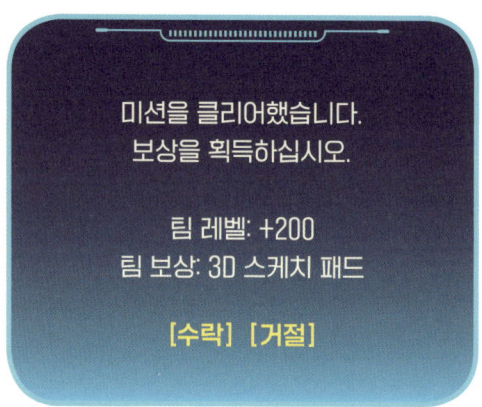

강훈이가 흥분해서 소리쳤다.

"이거 뭐 거저먹기네. 벌써 하나 클리어! 게다가 보상도 있어. 여러모로 마음에 드네."

진은 수락을 외쳤다. 파란 창이 사라지고 허공에 얇은 태블릿 컴퓨터가 나타났다.

"와!"

마법 같은 장면에 휘경이와 강훈이가 감탄사를 내뱉었다. 진은 손을 뻗어 전자펜이 꽂혀 있는 검은색 태블릿을 쥐었다. 진이 태블릿을 잡자 다시 파란 창이 나타났다.

다음 미션 장소로 이동하겠습니까?

[수락] [거절]

수학 노트

약수와 소수

어떤 수를 나누었을 때 나머지가 0이 되게 하는 수를 약수라고 한다. 예를 들어, 4의 약수는 1, 2, 4이다. 3으로 나누었을 때는 나머지가 1이기 때문에 3은 4의 약수가 될 수 없다.

$$4 \div 1 = 4 \cdots 0$$
$$4 \div 2 = 2 \cdots 0$$
$$4 \div 3 = 1 \cdots 1$$
$$4 \div 4 = 1 \cdots 0$$

소수는 자연수 중에서 약수가 1과 자기 자신인 수이다. 이때 1은 소수에서 제외한다. 예를 들어, 3은 약수가 1과 3뿐이므로 소수에 해당한다. 4는 약수가 1, 2, 4이므로 소수가 아니다. 4와 같이 약수가 3개 이상인 수는 합성수라고 한다.

소수에 관한 연구는 오래되었다. 고대 그리스의 유클리드가 쓴 『원론』이라는 책에도 소수에 관한 기록이 있다. 고대 그리스의 수학자 에라토스테네스 역시 소수를 연구한 것으로 알려져 있다. 그가 소수를 찾기 위해 사용한 방법은 다음과 같다.

수학 노트

1부터 자연수를 순서대로 쓴다.
1은 소수가 아니므로 제외한다.
소수인 2를 제외한 2의 배수들을 지운다.
소수인 3을 제외한 3의 배수들을 지운다.
같은 방법으로 계속했을 때 남아 있는 수가 소수이다.

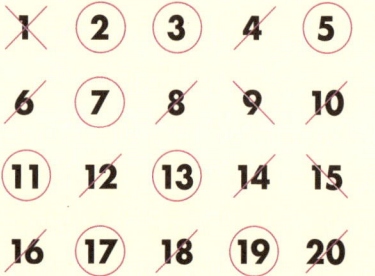

폐허가 된 마을

 진이 수락을 외치자 아이들을 둘러싼 공간이 또다시 변화했다. 주변은 한밤중처럼 어두워졌다. 아이들은 핸드폰의 플래시를 켜고 주변을 살폈다. 숲속인 듯 나무와 풀들이 보였다. 스산한 바람 소리에 진의 등골이 오싹해졌다. 진이 난감한 표정으로 에스에게 살짝 물었다.
 "너무 어두운데. 어떡하지?"
 진은 이곳에서 해가 뜨기를 기다려야 할지, 아니면 다른 곳으로 이동해야 할지 고민이 됐다.
 "빨리 미션을 해결하러 가자!"

강훈이가 신이 난 표정으로 발을 동동거리며 말했다.

갑작스러운 외침에 깜짝 놀란 아이들이 강훈이를 쳐다봤다. 강훈이가 어깨를 으쓱하며 말했다.

"다들 가만히 서서 뭐 하고 있는 거야? RPG의 핵심은 최대한 많이 돌아다니면서 부지런히 미션을 찾는 거라고. 망설일 시간이 없어."

"RPG?"

휘경이가 물었다. 강훈이가 한심하다는 듯 혀를 쯧쯧 차며 대답했다.

"아이고, 이런 답답한 친구 보소. 이 게임 이름이 뭐야. 수학 메이즈. 들으면 뭐 딱 떠오르는 거 없어? 미로잖아, 미로! 그러니까 미로 곳곳에 미션을 찾아 해결해라 뭐 그런 거 아니겠냐고."

아이들은 흥미롭다는 듯 고개를 끄덕이며 강훈이의 말에 집중했다.

"더군다나 처음에 게임 시작하면서 화면에 나온 사람이 RPG라고 설명했잖아. RPG는 롤플레잉 게임이야. 참가자가 게임에서 각각의 캐릭터를 맡아서 연기하듯 하는 게임 말이야. 이런 유형의 게임에는 참가자가 많기 때문에 부지런히 미션을 찾아다녀야 한다고. 어쩐지 첫판이 너무 쉽더라니. 그건 몸풀기이고 이제야 제대로 게임이 시작되나 보네."

"오, 장식 머리!"

윤경이가 진심으로 놀란 듯 감탄사를 내뱉었다. 강훈이가 윤경이를 쓱 보며 말했다.

"뭐, 이 정도로. 훗."

"보리까끄라기도 쓸데가 있다더니."

윤경이가 작게 중얼거렸다.

"뭐라고? 너 욕했지! 쓰레기?"

강훈이가 눈을 부라리며 소리쳤다.

"쓰레기가 아니라 보리까끄라기다. 보리 껍질. 쓸데없이 귀만 밝아서는."

윤경이가 퉁명스럽게 대답한 후 진을 보며 말했다.

"강훈이 말이 맞아. 우리가 다치도록 게임을 설계하지는 않았을 거야. 미션을 찾아 움직여야 한다는 의견에 동의해."

윤경이의 동조에 강훈이가 기분이 풀린 듯 말했다.

"우리가 이렇게 꾸물거리고 있는 사이에 다른 팀들은 벌써 다음 미션을 찾아서 부지런히 레벨을 올리고 있을 거라고."

다른 아이들도 긴장을 풀고 미션에 나설 준비가 되었는지 고개를 끄덕였다.

"그래. 출발해 보자."

핸드폰에 불을 밝힌 진을 필두로 아이들은 조심스럽게 걸음을 옮겼다.

"저기 마을 같은 게 보여."

진의 옆에서 걷던 휘경이가 외쳤다.

"잠깐, 멈춰. 뭐가 나올지 몰라. 보통 이런 게임의 미션에는 위험 요소가 있거든. 으, 떨린다. 너무 재미있다!"

강훈이의 말에 아이들은 발소리를 줄이고 조심스럽게 마을 어귀로 향했다.

"헉."

마을 입구에 도착한 아이들은 깜짝 놀랐다. 부서지기 직전의 집들과 깨진 가로등. 음산한 기운이 가득한 마을은 폐허나 다름없는 모습이었다.

윤경이의 외침에 아이들은 엉겁결에 고개를 숙였다. 아이들은 살금살금 기어가 수풀 뒤에 몸을 숨겼다. 기괴한 복장을 한 사람이 주위를 두리번거리고 있었다. 새 부리와 작은 유리창이 달린 가면을 쓰고 챙 달린 모자와 장갑, 장화를 착용한 모습이었다. 거기에 온몸을 덮는 검은 옷을 입고 손에는 작은 박쥐가 달린 지팡이를 들고 있었다. 그 사람은 마치 아이들이 온 것을 알고 찾는 듯한 느낌이었다. 아이들은 몸을 더욱 움츠렸다.

"킁킁. 무슨 냄새지? 꽃향기 같은데. 라벤더?"

휘경이가 작게 중얼거렸다. 그러고 보니 그 사람이 가까이 올수록 향이 진하게 풍겨 왔다.

새 부리 가면을 쓴 사람은 다시 어슬렁거리며 마을 안쪽으로 돌아갔다. 윤경이가 고개를 갸웃하며 속삭였다.

"나 저 옷 입은 사람 책에서 본 것 같아."

"응?"

깜짝 놀란 아이들이 윤경이를 쳐다보았다.

"중세 유럽 사람들이 입던 거야. 흑사병이라는 감염병을 막아 준다고 생각해서. 일종의 미신이었지."

"넌 도대체 무슨 책을 얼마나 읽은 거냐?"

강훈이가 고개를 절레절레 저으며 말했다. 윤경이가 새침하게 대답했다.

"네가 게임한 거보다는 적게 읽었을 거야."

아웅다웅하는 두 사람의 모습에 휘경이가 작게 웃었다.

눈앞에 새로운 파란 창이 떴다.

> 이 마을 전체에는 바이러스가 퍼져 있습니다.
> 사악한 마법사는 탑에서 감염병을 일으키는
> 바이러스를 만들어 마을에 퍼뜨리고,
> 그의 부하들은 마을을 돌며
> 탑에 접근하는 사람들을 막고 있습니다.
> 탑을 해체하고 마을 사람들을 구하겠습니까?
>
> [수락] [거절]

"어떡할까?"

진이 아이들을 둘러보며 의견을 물었다.

"게임하다 이런 고민하는 녀석은 또 처음 보네. 당연히 하는 거지, 무슨 소리야!"

강훈이가 답답하다는 듯 말하자 에스가 침착하게 입을 열었다.

"수학 메이즈 곳곳에 미션이 있는 건 알고 있지? 미션을 해결하면 레벨이 올라가고, 그중에 다치거나 문제를 제대로 해결하지 못하면 게임에서 탈락하게 돼. 그러니까 미션을 고를 때 신중해야 해."

에스의 설명에 진은 고민이 되는지 선뜻 결정을 내리지 못했다. 그러자 윤경이가 나섰다.

"탈락도 있어? 미션이 쉽지 않아 보이기는 하지만…… 내 생각에는 수락하는 게 좋을 것 같아. 접속 시간이 짧은데 또 다른 미션을 찾아 헤매기에는 시간도 아깝고. 어려운 미션일수록 레벨이 더 올라갈 테니 도전하는 게 어때?"

"그러네."

윤경이의 말에 진이 씩 웃더니 수락을 외쳤다.

아이들은 여전히 수풀에 숨은 채로 마을을 살펴보았다. 윤경이가 가장 높은 탑을 손으로 가리키며 말했다.

"저기 저 가장 높이 보이는 첨탑이 그 마법사의 탑 같은데?"

탑에서는 주기적으로 뿌연 연기가 나오고 있었다.

"저걸 없애야 한다는 말이지? 까마귀처럼 입은 사람들한테 잡히지 말고."

진이 말했다.

"이 미션 하나만 해도 시간이 엄청나게 걸리겠다."

에스가 말했다.

"뭐, 아이템 상자 같은 거 없나? 보통 게임에서는 이런 미션을 하려면 아이템이 잔뜩 필요하거든."

강훈이가 툴툴거리며 말했다.

"아이템? 아!"

진은 불현듯 조금 전 미션의 보상으로 받았던 3D 스케치 패드가 떠올랐다. 진은 보관함에서 태블릿 컴퓨터처럼 생긴 스케치 패드를 꺼냈다.

"혹시 이게 도움이 되지 않을까?"

"일단 켜 보자."

에스가 태블릿의 버튼을 눌렀다. 태블릿에서 빛이 나오더니 파란 창이 떴다.

> **3D 스케치 패드 사용 방법**
>
> · 사용자가 그린 그림을 실제 물건으로 구현해 줌.
> · 크기와 작동 여부는 사용자의 이해도와 의중에 따라 달라짐.
> · 총과 같은 화기용 무기는 제작할 수 없음.
>
> **[확인]**

"오, 신기해!"

강훈이가 소리쳤다.

 진이 내용을 꼼꼼히 읽고 확인을 외치자마자 강훈이는 얼른 진의 손에서 스케치 패드를 빼앗아 들어 태블릿 펜으로 쓱쓱 화면에 나비를 그리기 시작했다. 그리고 태블릿 아래 빨간 버튼을 눌렀다. 태블릿에서 파란빛이 나면서 강훈이가 그린 그림이 공중으로 떠오르더니 곧 나비 모형으로 변했다. 마치 그림이 장난감으로 변하는 것 같았다. 강훈이는 손을 뻗어 나비 모형을 손으로 잡았다. 윤경이가 나비를 보며 말했다.

"진짜, 신기하네! 그런데 너 정말 그림 못 그린다. 발로 그려도 이거보단 잘 그리겠다."

"내가 그림까지 잘 그리면 다른 애들이 불쌍해서 안 되지. 이미 이렇게 완벽한데."

강훈이가 큭큭 웃으며 말했다.

"저…… 괜찮으면 내가 해 봐도 될까?"

휘경이가 조심스럽게 말을 꺼냈다. 강훈이는 스케치 패드를 휘경이에게 건넸다. 휘경이는 손전등을 그렸다. 다른 친구들이 보고 있어서인지 아주 세심한 부분까지 신경 써서 그리는 것이 느껴졌다. 에스가 재촉했다.

"저, 잘 그리는 건 알겠는데, 빨리해야 할 것 같아. 이 게임이 정해진 시간이 있잖아?"

"아, 미, 미안."

당황한 휘경이는 서둘러 그림을 마무리했다. 스케치 패드의 빨간 버튼을 누르자 파란빛이 나면서 손전등이 나타났다. 그런데 이 손전등은 모형이 아니었다. 스위치까지 제대로 작동하는 진짜 손전등이었다.

"그림 그리는 사람의 능력에 따라 진짜가 만들어지기도 하는구나."

강훈이를 비롯한 모든 아이가 눈이 휘둥그레져서 손전등을 이리저리 살펴보았다. 그림을 그린 휘경이 역시 놀란 눈치였다.

진이 휘경이의 어깨를 툭 치며 말했다.

"너 진짜 그림 잘 그리는구나. 대단하다."

휘경이가 밝게 웃었다.

"고마워."

"그런데 왜 이게 첫 번째 미션에 보상으로 나왔을까? 수학하고 미술하고 무슨 상관이 있다고."

진이 3D 스케치 패드를 만지작거리며 중얼거렸다.

"사영기하학은 화가로부터 시작되었으니까."

에스가 대답했다.

"응?"

휘경이가 이해하지 못했다는 듯 고개를 갸우뚱했다.

"*점, 선, 면과 같은 도형 사이의 관계를 연구하는 걸 기하학이*

라고 해. 아마 중학교 가면 도형 대신에 기하라는 용어로 배울 거야."

"아, 어."

"*우리 머릿속에 있는 완벽한 도형이 아니라 실제 눈으로 보이는 것처럼 입체감 있는 도형을 연구하는 게 사영기하학이지. 특히 도형을 바라보는 방향이 바뀌었을 때도 변하지 않는 기하학적 성질을 연구해.* 아, 내 설명이 너무 어려운가? 그냥 기하학 중에서도 눈에 보이는 걸 똑같이 그려서 연구하는 수학의 분야 정도로 알면 될 것 같아."

에스가 다정하게 웃었다.

"무슨 말인지 조금은 알겠어. 뛰어난 화가인 레오나르도 다빈치도 수학자이자 과학자였다고 배웠거든."

휘경이가 반갑다는 듯 말했다.

"맞아! 다빈치는 실제 눈에 보이는 것처럼 멀리 있는 것은 작게, 가까이 있는 것은 크게 그리는 원근법을 연구하고 강의도 했어. 다빈치처럼 입체적으로 물체를 표현하고 그 속성을 고민한 사람들이 기존 기하학의 흐름을 바꾸었던 거고. 그러니까 휘경이 너도 그림을 잘 그린다는 점에서 뛰어난 수학적 재능이 있는 거야. *수학은 식으로 문제만 푸는 학문이 아니니까.*"

에스가 신이 난 듯 밝게 웃으며 말했다.

"고마워, 너 엄청 똑똑하구나. 정말 대단하다."

휘경이도 상냥하게 화답했다. 에스와 휘경이의 화기애애한 모습을 가만히 지켜보고 있던 진은 심통이 났다.

'저 둘은 언제 봤다고 서로 저렇게 친한 척이래.'

수학 노트

원근법과 사영기하학

원근법이란 가까운 물체는 크게, 멀리 있는 물체는 작게 그리는 방법이다. 르네상스 시대의 화가 마사초는 「성 삼위일체」라는 그림에서 최초로 원근법을 사용하였다. 이탈리아 피렌체에 위치한 산타 마리아 노벨라 성당에 그려진 이 그림이 처음 공개되었을 때, 사람들은 벽에 구멍이 뚫린 줄 알고 깜짝 놀랐다고 한다.

위대한 수학자였던 레오나르도 다빈치가 산마르코 교회의 수도원 식당 벽면에 그린 「최후의 만찬」 또한 원근법을 이용한 생동감 있는 그림이다.

원근법의 발명은 기하학의 발전에 크게 기여했다. 원근법 이전에는 '평행인 두 직선은 절대로 만나지 않는다.'라는 것이 수학의 진리였다. 하지만 기찻길을 바라보는 것과 같이 평행

마사초의 「성 삼위일체」

수학 노트

레오나르도 다빈치의 「최후의 만찬」

인 두 직선을 멀리서 바라보면 눈으로는 만나는 것처럼 보인다는 것을 깨닫게 되었다.

이러한 생각을 통해 '평행선은 만날 수 있다.'라는 가정을 하게 되었고, 평행선이 만나는 가상의 점을 이용한 새로운 공간을 수학적으로 만들었다. 이를 이용한 기하학이 사영기하학이다.

어둠의 첨탑

"스케치 패드 용도는 알았으니 사영기하학 이야기는 그쯤하고, 이제 미션을 어떻게 해결할지 고민해 보자."

진이 퉁명스레 말했다.

윤경이가 고개를 끄덕이더니 아이들을 향해 말했다.

"그래. 일단 알고 있는 내용을 정리해 보자. 우리가 미션 창에서 본 바로는 저 마을에 감염병이 퍼진 상태야. 그 말은 그냥 들어갈 수가 없다는 거지. 휘경이가 방독면을 그려 준다면 쓰고 들어갈 수도 있겠지만 여전히 위험해. 저 까마귀처럼 입은 마법사의 부하들한테 잡히면 안 되니까. 우리에게 주어진 미션은 마을 가운데 저기 높이 보이는 첨탑을 부수는 건데. 어떻게 해야 첨탑 근처로 갈 수 있을까?"

"혹시 부하를 잡거나 미션을 하는 과정에서 뭔가를 잘하면 레벨이 올라가나?"

진이 물었다. 옆에서 듣고 있던 에스가 고개를 가로저으며 대답했다.

"아니, 지난번에 내가 비슷한 게임을 해 본 바로는 그렇진 않았어. 그냥 임무를 완료했는지 아닌지만 판단하는 것 같아. 첫 번째 미션에서도 미션을 해결한 것에 대한 보상만 나왔으니 똑같겠지?"

에스의 대답에 윤경이가 인상을 찌푸리며 말했다.

"이거 오늘 중에 끝나기는 하려나? 일단 저 까마귀 부하들이 몇 명인지도 모르고 방독면이 효과가 있을지도 장담할 수 없으니……."

"이런 답답한 친구들 좀 보소. 이러니까 공부 잘하는 애들하고는 놀지 말라는 이야기가 있는 거야."

강훈이가 자신만만한 표정을 지으며 나섰다.

"무슨 소리야?"

윤경이가 눈을 흘겼다.

"저 첨탑만 없애면 된다며. 잔챙이들 없앤다고 점수 주는 것도 아닌데 대체 뭘 그렇게 고민해? 휘경이가 스케치 패드로 대포를 그리면 되잖아. 대포로 첨탑을 날려 버리는 거야. 게임 하루 이틀 하나."

강훈이가 팔짱을 끼고 거들먹거렸다.

"아까 총 같은 화기는 안 된다고 했잖아. 총이 안 되면 대포도 안 되는 거지."

에스가 한심하다는 듯 말했다. 잠자코 듣고 있던 진이 갑자기 소리쳤다.

"아냐! 강훈이 말이 맞아! 수학은 여러 가지 해결 방법이 존재하잖아. 첨탑까지 가는 게 어렵다면 가지 않고 첨탑만 없애는 방법을 찾으면 되는 거였어. 마을 들어가지 않고 첨탑을 부수는 방법을 고민해 보자."

윤경이가 동조하며 말을 이었다.

"좋은 생각이야. 대포가 안 된다면······. 음, 조금 더 간단한

형태로 하면 어떨까? 예를 들면 옛날에 쓰던 투석기 같은 거 말이야."

"투석기?"

에스가 물었다.

"응, 대포가 만들어지기 전 전쟁에서 사용되었던 무기야. 투석기를 사용해서 큰 바위를 적에게 날리고, 성도 무너뜨렸다고 들었어."

"그런 게 작동할까?"

진이 의심스러운 표정으로 물었다. 에스가 대답했다.

"작동할 것 같아. 진과 윤경이는 알겠지만, 이 게임은 가상 게임이기는 해도 참가자의 신체에 물리적인 충격을 줄 수 있잖아. 그러니 거꾸로 우리가 이 게임에 물리적인 충격을 주는 것도 가능하겠지."

"그래. 한번 시도해 보자."

진이 말했다.

윤경이는 주변에서 나무 막대기 하나를 집어 들더니 바닥에 투석기의 형태를 그렸다.

휘경이의 말에 에스가 웃으며 대답했다.

"잘됐네. 본 적이 있으니 완성품은 제대로 작동할 거야."

그런데 윤경이가 무언가 잘못되었다는 듯, 갑자기 굳은 얼굴이 되었다.

"문제가 있어. 투석기로 저 멀리 있는 탑을 맞히는 게 가능할까? 조준하는 게 쉽지 않을 것 같은데. 될 때까지 계속 돌을 던질 수도 없고 말이야. 그랬다가는 저 까마귀 인간들이 당장 잡으러 올 텐데……."

윤경이의 말에 에스가 자신만만한 얼굴로 미소를 지었다.

"포물선의 공식을 이용하면 돌이 떨어지는 위치를 계산할 수 있어. 물론, 돌의 무게와 고무줄이 늘어났다 줄어드는 힘까지 구해야 하고, 첨탑까지의 거리도 넣어야 하니까 조금 복잡한 식이 되겠지만."

아이들은 모두 어리둥절한 얼굴로 에스를 바라봤다.

"얘 지금 무슨 소리 하는 거야? 혹시 나만 못 알아들은 거야?"

강훈이가 황당한 얼굴로 말했다.

"아니, 이번에는 나도 너처럼 머리가 장식품이 된 기분이야."

윤경이가 대답했다.

"됐고. 어쨌거나 내가 계산할 줄 아니까 상관없어. 내가 투석기를 설계하면 휘경이가 그리면 될 것 같아. 투석기로 날릴 돌까지 말이야."

에스는 나무 막대 하나를 집어 바닥에 투석기를 설계하는 수학 공식을 적기 시작했다. 휘경이가 에스를 보며 작게 중얼거렸다.

"되게 복잡하다."

"아니야, 생각보다는 쉬워. 일단 포물선의 공식부터 생각하면 돼. 돌이 날아갈 때 포물선을 그리게 되거든. *포물선은 곡선이라 자로 길이를 잴 수도 없고, 각도기로 기울어진 정도를 나타낼 수도 없어. 그런데 천재적인 수학자들이 이 포물선을 그래프 위에 올릴 생각을 한 거야.*"

"그래프? 막대그래프, 꺾은선그래프 뭐 그런 거?"

휘경이의 물음에 에스가 당황한 표정으로 휘경이를 쳐다보았다.

"아, 아니. 그거랑은 달라. 막대그래프 같은 거는 자료를 한눈에 보기 쉽게 나타내기 위한 정리 방법이고, 내가 말하는 그래프는 도형을 식으로 나타내는 방법이야. 예를 들어, 포물선은 식으로 이렇게 나타낼 수 있어."

에스는 포물선과 식을 적어 내려가기 시작했다.

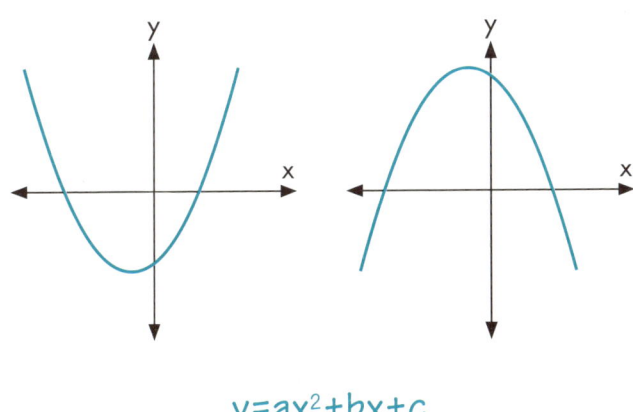

$$y=ax^2+bx+c$$

"미안한데, 내가 수학을 못해서 이건 하나도 모르겠다."

휘경이가 얼굴을 붉히며 말했다.

"아, 아니야! 전혀 미안할 일 아니야. 넌 아직 초등학생이니까 안 배운 게 당연하지."

에스가 양손을 저으며 대답했다.

"너는 초등학생이 아니야? 어떻게 이런 걸 다 알아?"

휘경이가 놀란 표정으로 물었다.

"난 수학 공부를 조금 더 했으니까. 그리고 나도 그림은 잘 못 그리는 데 뭘. 각자 잘하는 게 다른 것뿐이지."

"그런가?"

에스와 휘경이가 마주 보며 다정하게 웃었다.

진은 그런 두 사람을 곁눈질로 흘긋흘긋 쳐다보았다. 둘이 정답게 대화하는 걸 보니 왠지 심통이 났다.

윤경이가 다가와 진의 등을 툭 쳤다.

"정신 차려."

"뭘?"

"연애는 나중에 하라고."

"뭐래."

진은 당황한 듯 얼굴을 붉혔다.

"뭐야, 누가 연애해?"

강훈이까지 끼어들었다.

진은 고개를 휙 돌렸다. 어휴. 말을 말아야지.

얼마의 시간이 흐른 후, 에스의 설계도를 이용해 휘경이가 3D 스케치 패드에 투석기를 그렸다. 실제로 만들어진 투석기는 얼핏 보아도 4층 건물 높이 정도는 되어 보였다. 에스는 보관함에서 각도기를 꺼내서 투석기 발사대의 각도를 조절했다. 자를 꺼내서 발사대를 연결하고 있는 줄의 길이까지 확인했다. 휘경이가 투석기를 그릴 때 투석기에 올릴 거대한 돌덩어리까지 그렸기 때문에 다행히 아이들이 돌을 옮길 필요는 없었다.

"다 됐다. 이제 날려 버릴까?"

에스가 아이들을 보며 말했다.

"내가 할래! 내가!"

흥분한 강훈이가 팔짝팔짝 뛰며 말했다.

"좋아. 휘경아, 작은 손도끼 하나만 그려 줄래? 줄을 끊어야 하니까."

에스가 웃으며 말했다.

"알았어."

휘경이는 금세 손도끼를 만들었다. 강훈이가 도끼를 두 손으로 꽉 쥐고 투석기 앞에 섰다.

"하나, 둘, 셋, 발사!"

강훈이는 손도끼를 힘차게 휘둘렀다. 줄이 끊기고 거대한 바위가 날아가기 시작했다. 첨탑까지는 꽤 거리가 있어서 아이들은 바위가 날아가는 모습을 한참이나 바라보았다.

쾅!

바위는 정확하게 첨탑에 명중했다. 먼지가 연기처럼 자욱하게 첨탑 주위를 감쌌다. 그리고 잠시 후, 첨탑이 위쪽부터 무너져 내리기 시작했다. 그런데 무너져 내리는 첨탑의 잔해들은 바닥에 떨어지는 것이 아니라 허공에서 조금씩 사라져 갔다. 이어 첨탑을 중심으로 마을이 가루처럼 변해 흩어지기 시작했다. 마치 누군가 지우개로 건물만 지워 나가는 것처럼 나무와 풀은 그대로 남긴 채 마을만 사라졌다.

나무와 풀만 듬성듬성 남게 된 공간의 하늘에 창이 나타났다. 구름 사이로 빛줄기가 내려오기 시작하더니 창이 점점 넓어지면서 어둠이 서서히 사라졌다.

"최고다. 이런 게임이라면 평생 할 수 있을 것 같아!"

강훈이가 벅찬 목소리로 외쳤다.

말은 하지 않았지만 다른 아이들도 강훈이와 같은 심정이었다. 햇살이 아이들을 감쌌다. 기분 좋은 심장의 두근거림과 함께하는 친구들. 진은 모든 것이 완벽하다고 생각했다.

아름다운 풍경에 넋을 잃고 있던 진은 깜짝 놀랐다. 누군가 진의 손을 살며시 잡았기 때문이다.

휘경이였다. 귀 끝까지 빨개진 휘경이가 고개를 푹 숙이고 진의 옆에 서 있었다. 진은 휘경이의 손을 뿌리치지 않고 마주 잡았다. 다른 아이들은 진과 휘경이의 빨개진 얼굴을 눈치채지 못했다. 마을이 있던 곳 위로 거대한 알림창이 나타났기 때문이다.

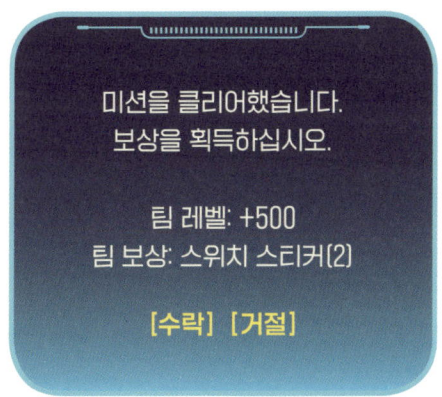

수학 노트

좌표평면의 발명

　x+2=y와 같이 문자가 사용된 식을 다루는 수학의 분야를 대수학(代數學)이라고 한다. 반면 점, 선, 면 또는 이러한 것들로 만든 모양인 도형의 위치와 성질에 관해 연구하는 수학 분야는 기하학(幾何學)이다.

　17세기 프랑스 수학자 르네 데카르트는 좌표평면을 발명해서 대수학과 기하학의 경계를 허물었다. 좌표평면을 이용해 도형을 식으로 나타내는 데 성공한 것이다.

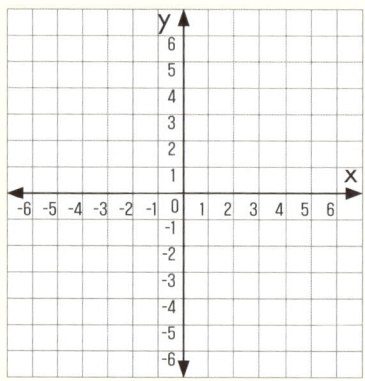

좌표평면

수학 노트

좌표평면의 좌표(座標)는 '자리를 표시하다'라는 의미로 어떤 점의 위치를 지정하기 위해 사용되는 값이다. 데카르트가 발명한 좌표평면은 2개의 직선을 수직으로 교차시킨 모양이다. 좌표평면에서 가로로 놓인 수직선을 x축, 세로로 놓인 수직선을 y축이라고 한다. x축과 y축이 만나는 점을 원점이라고 한다.

데카르트가 만든 좌표평면은 포물선, 곡선 등 자나 각도기로 그 성질을 나타낼 수 없었던 다양한 도형을 연구하는 데 큰 도움을 주었다. 기울어진 정도나 길이를 표시할 수 없었던 포물선을 식으로 표현할 수 있게 되었기 때문이다. 이처럼 좌표평면을 이용해 도형을 식으로 표현하는 수학의 분야를 해석기하학이라고 한다.

케이크 자르기

"자, 얼른 보상 받고 다음 미션 하러 가자! 이런 게임은 시간 싸움이라고. 빨리, 빨리!"

강훈이의 재촉에 진과 휘경이는 깜짝 놀라 마주 잡은 손을 놓았다. 진이 얼른 수락을 외쳤다. 목소리가 떨려 나오지 않도록 조심하면서.

"에? 저게 뭐야?"

윤경이가 당황한 목소리로 말했다.

다른 아이들도 눈이 휘둥그레졌다. 신기한 것을 봤다는 놀라움보다는 황당함 때문이었다. 보상 아이템으로 허공에 500원짜리 동전 크기의 반투명한 밴드 모양 스티커가 2개 나타났기 때문이다. 실망스럽게도 볼품없는 모양새였다. 진이 손을 뻗어 스티커들을 잡았다. 진이 양손에 스티커를 들고 어리둥절하는 사이 강훈이가 잽싸게 손을 뻗어 스티커 하나를 낚아챘다.

"하, 그 고생을 했는데 겨우 상처가 났을 때 붙이는 밴드라니. 어이가 없네. 내가 하나 쓴다."

강훈이는 스티커를 자신의 손등에 턱 하니 붙였다. 그리고 주변에서 말릴 새도 없이 진의 손에 있던 나머지 하나를 뺏어 에스의 손등에 붙였다.

"어때, 브로. 좋은 건 같이 해야지."

순식간에 보상 아이템을 써 버린 강훈이를 향해 에스가 화를 냈다.

"아이템이 어떻게 작동하는지 확인도 안 했는데 이렇게 막 쓰면 어떻게 해!"

스티커를 떼려는 에스의 손이 스티커에 닿자 허공에 파란 창이 나타났다.

> **스위치 스티커 사용 방법**
>
> · 두 명이 함께 사용할 수 있음.
> · 먼저 누른 사람이 송신자가 됨.
> · 다른 사람이 수신을 허락하면 두 사용자의 위치가 바뀜.
>
> **[확인]**

'위치를 바꾼다고?'

진은 확인을 외친 후 강훈이의 손에 있던 스티커를 떼어 자신의 손에 붙였다. 진이 스티커를 손가락으로 꾹 누르자 스티커가 파란색으로 변했다. 동시에 에스의 손에 붙어 있는 스티커는 붉은색으로 변했다. 에스가 붉게 변한 자신의 스티커를 누르자 순간적으로 진과 에스의 위치가 바뀌었다. 진이 서 있던 곳에 에스가, 에스가 서 있던 곳에 진이 나타난 것이다. 그리고 스티커의 색은 사라져 다시 반투명하게 되었다.

에스가 다시 스티커를 만지자 이번에는 에스의 스티커가 파란색으로 진의 스티커가 붉은색으로 변했다. 진이 스티커를 만지자 다시 둘의 위치가 바뀌었다.

"파란 스티커는 신호를 보내는 거고 신호를 받으면 스티커가 붉게 변하는 거네. 붉은 스티커를 누르면 수락으로 이해되어 둘의 위치가 바뀌는 거고."

윤경이가 말했다.

"줘 봐. 나도 해 보자!"

강훈이는 너무 놀라 눈만 끔벅이고 있는 진의 손에서 얼른 스티커를 떼어 자신의 손에 붙였다.

"어? 나는 왜 안 돼?"

강훈이가 스티커를 눌렀지만 아무런 반응이 없었다.

"뭐야! 쓸 수 있는 횟수가 정해져 있었나?"

에스가 걱정스러운 표정으로 말했다.

진이 얼른 강훈이의 스티커를 떼어 자신의 손에 붙였다. 이번에는 스위치 스티커가 제대로 작동했다.

아이들이 한 명씩 확인해 본 결과 스티커를 사용할 수 있는 사람은 진, 윤경, 에스뿐이었다. 툴툴거리는 강훈이에게 들리지 않게 윤경이가 작은 목소리로 진과 에스에게 말했다.

"강훈이와 휘경이는 아마 버그로 처리되어서 이 시스템에서 제대로 인식되지 않는 거 아닐까?"

"그런 거 같아."

에스가 동조했다.

아이템을 사용하지 못하자 짜증이 난 강훈이는 혼자 앞장서서 걷기 시작했다.

"살다 살다 스티커에 차별받는 날이 올 줄이야. 빨리 다음 거 하러 가자!"

아이들이 아무 말 없이 강훈이의 뒤를 따랐다. 얼마 지나지 않아 강훈이가 어딘가를 가리키며 소리쳤다.

"야, 저기 연못 좀 봐. 무시무시하다."

거센 소용돌이가 치는 검은 호수였다.

"조심해. 저런 데 빠지면 게임이 완전히 종료될 때까지 갇혀 있을 수도 있어."

에스가 말했다.

"에?"

"아까 네가 그랬잖아. RPG에는 함정이 있다고. 저게 그 함정 중 하나야. 내 친구가 비슷한 게임을 하다 저런 데 빠졌는데 본부에서 꺼내 줄 때까지 갇혀 있었다고 하더라."

"이거 학습 게임 아냐? 무슨 함정까지 만들어?"

윤경이가 끼어들었다.

"조심성을 기르라는 거지. 그리고 저런 게 있어야 게임이 재미있어지니까."

에스가 대답했다.

아이들은 한참이나 호수를 바라본 후 다시 걷기 시작했다. 어디선가 갓 구운 빵 냄새가 나기 시작했다. 강훈이가 코를 벌름거리며 말했다.

"아까 꽃향기도 그렇고 가상 현실 게임에 냄새 구현은 처음 본다. 진짜 대단하네, 이 게임. 심지어 배까지 고파지려 그래."

"그러게. 진짜 빵 냄새야!"

휘경이가 눈이 동그래져 말했다.

"뭔지는 모르지만, 왠지 맛있는 미션일 것 같다. 먹는 게임이면 좋겠는데!"

뭐라고 대꾸할 새도 없이 강훈이는 냄새가 나는 곳을 향해 뛰기 시작했다.

"쟤를 누가 말려."

윤경이가 황당하다는 듯 웃으며 작게 중얼거렸다.

냄새를 따라 도착한 곳에는 역시나 빵집이 있었다. 가게의 문손잡이를 잡자 미션을 알리는 파란 창이 나타났다.

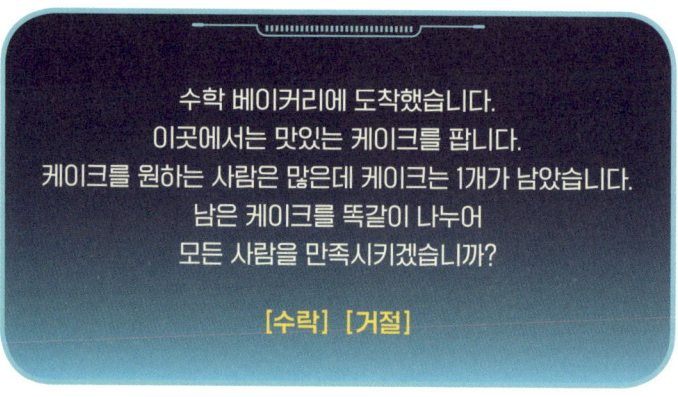

"어라? 케이크 나누기? 왠지 쉬워 보인다. 혹시 남은 빵은 없나? 갑자기 빵 먹고 싶어지네."

강훈이가 말했다.

"그러게. 적어도 무섭지는 않겠다. 그럼 시작한다."

진이 수락을 외치자 가게의 문이 열렸다. 문에 달린 작은 풍경에서 맑은 소리가 났다. 아이들은 진을 필두로 가게 안으로 들어갔다.

빵이 가득 차 있을 거라는 예상과 달리 가게 안은 텅 빈 하얀 공간이었다. 당황해하는 아이들 눈앞에 파란 창이 나타났다.

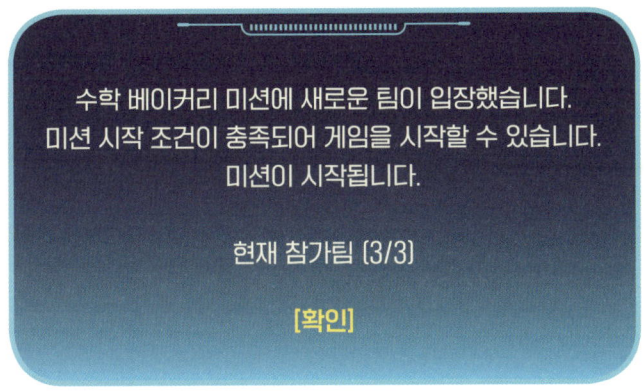

'이건 또 무슨 소리야?'

어리둥절한 진이 에스를 슬쩍 바라보았다. 에스는 자신도 모르겠다는 듯 두 손을 들고 어깨를 으쓱했다. 여기까지 왔는데 게임을 안 할 수는 없지. 진은 확인을 외쳤다.

파란 창이 사라지고 조금 떨어진 곳에 처음 본 아이들이 나타났다. 당황한 진과 달리 아이들은 진 무리를 반가워하는 기색이었다. 아이들이 웅성거리기 시작했다.

"와, 드디어 시작이다."

"운이 없어서 게임 시작하자마자 계속 여기 갇혀 있었는데, 드디어 마지막 팀이 들어왔네."

휘경이가 작게 에스에게 물었다.

"쟤네들도 게임에 접속한 애들이야?"

"응, 나랑 같은 학교 다니는 애들인 거 같아. 대강 얼굴이 눈에 익네."

삐—

에스가 대답을 마치자마자 알림음이 울렸다. 진은 소리가 나는 곳으로 고개를 돌렸다. 그곳에는 빵 인간이 서 있었다. 말 그대로 빵으로 만든. 눈이 휘둥그레진 다른 아이들과 달리 진은 왠지 익숙한 느낌이 들었다. 상점에서 만났던 인공 지능 프로그램 설이 떠올랐기 때문이다.

빵 인간은 게임에 대해 설명하기 시작했다.

"주어진 칼을 이용해 케이크를 3조각으로 잘라 팀별로 1조각씩 가지면 됩니다. 단, 팀이 받은 케이크 조각의 크기에 따라 보상의 크기도 달라집니다. 모두가 케이크의 크기에 만족해서 게임을 끝내는 것에 동의해야만 다음 게임으로 넘어갈 수 있습니다. 게임의 규칙을 이해한 팀은 확인을 외치십시오."

빵 인간이 이야기를 마치자 진은 상대팀 아이들을 살펴보았다.

'아, 저 아이들이 상대팀이었구나. 케이크의 크기에 따라 보상이 달라진다면 쉽게 양보하지 않겠는걸.'

진이 친구들에게 물었다.

"다들 이해했지?"

아이들이 고개를 살짝 끄덕였다. 진은 확인을 외쳤다.

팀별로 모두 확인을 외치자 테이블 하나가 나타났다. 이어 아무 장식도 되어 있지 않은 하얗고 동그란 케이크 하나와 케이크 칼이 생겨났다. 진뿐만 아니라 상대팀 아이들도 서로 눈치만 보고 아무 말도 못하고 있었다. 적막을 깬 사람은 강훈이였다.

"내가 같은 크기로 3조각을 잘라 주면 어때? 가위바위보 해서 그냥 하나씩 골라 가지면 되잖아. 이런 건 빨리 넘겨 버리고 진짜 게임을 하자고! 시간 낭비하지 말고."

에스는 민망함에 고개를 푹 숙였고, 상대팀 아이들은 어이없다는 듯 강훈이를 바라보았다. 진의 맞은편에 서 있던 한 여자아이가 손을 들며 입을 열었다.

"나는 필리핀에서 온 알시아야. 미안한데 뭘 믿고 너한테 케이크를 자르게 하지? 네가 정확하게 삼등분할 수 있는지 어떻게 알고 말이야."

"그럼 네가 자르면 되잖아."

강훈이가 퉁명스럽게 대답했다. 알시아가 다시 차분히 말했다.

"내가 엉망으로 자르면 어떻게 하려고?"

"잘라 놓고 가위바위보를 하면 되지."

"가위바위보 대표는 어떻게 뽑을 건데? 네가 대표로 나섰는데 가위바위보에서 져서 가장 작은 조각을 받게 된다면 다른 팀원들의 원망을 견딜 수 있겠어?"

또 다른 팀에 속한 금발의 남자아이가 손을 들고 말했다.

"나도 알시아 말에 동의해. 아, 난 프랑스에서 온 레오야. 모든 팀이 만족해야 게임이 끝난다는 조건이 있었어. 만일 케이크를 나누고도 불만을 제기하는 팀이 있으면 이 게임이 끝나지 않는다는 거지. 가위바위보 역시 시간의 차이에 의해 누군가가 불만을 제기할 수 있어. 조금 늦게 냈다고 지적하는 것처럼 말이야. 그렇게 말싸움을 하다가는 다른 미션은 구경도 못해 보게 될 거야. 동그란 케이크를 눈대중으로만 삼등분하는 것도 사실 불가능하고."

"으악, 이런 소리 하다가 진짜 게임 안 끝나겠다! 그냥 대강 끝내고 다른 미션 하면 되잖아!"

강훈이가 이해가 안 간다는 듯 양손으로 머리를 벅벅 긁었다. 에스가 서둘러 강훈이의 입을 막으며 말했다.

"미안, 이 친구가 게임이 처음이라."

강훈이가 팔을 떼어 내며 에스를 노려봤다. 에스는 강훈이에게 작은 목소리로 말했다.

"보상이 얼마나 큰지 아직 모르잖아. 이 게임 하나로 우승팀이 바뀔 수도 있으니 다들 네 의견에 동의하지 않는 거야."

"그래?"

강훈이가 누그러진 목소리로 대답했다. 에스는 다시 상대팀을 보며 큰 목소리로 말했다.

"난 중국에서 온 에스야. 그럼 각 팀의 대표가 순서대로 자르는 건 어떨까? 예를 들어, 아시아 팀이 제일 처음 $\frac{1}{3}$ 조각을 잘라 내고, 레오 팀이 남은 $\frac{2}{3}$ 조각을 다시 둘로 나누는 거야. 그럼 우리 팀만 자를 기회가 없었으니 우리가 제일 먼저 조각을 고르고."

진이 입을 열었다.

"아니, 그 경우에는 조각을 자르지 않는 팀이 너무 유리해. 모두 다 자르지 않고 마지막에 조각을 고르려고 할 거야. 특히 아시아 팀은 레오 팀이 자른 것이 마음에 들지 않을 수도 있어."

아이들이 일제히 진을 바라보았다. 얼굴이 빨개진 진이 덧붙였다.

"아, 난 한국에서 온 진이야."

윤경이가 진의 등을 탁탁 쳤다. 말하지 않았지만, 윤경이의 손길에 격려의 의미가 담겨 있다는 것을 진은 느낄 수 있었다.

"그럼, 이렇게 하는 건 어때?"

콰콰과광!

알시아가 다시 말을 시작하려는 찰나, 굉음과 함께 아이들이 서 있던 공간이 마치 지진이라도 난 것처럼 흔들렸다. 테이블 위의 케이크는 진동으로 인해 바닥으로 떨어졌다. 모든 아이의 얼굴에 당혹감이 서렸다.

삐—삐—삐—삐—

공간 전체에 붉은빛이 번쩍거리며 경고음이 울렸다. 그리고 어디선가 티아의 다급한 목소리가 들려왔다.

"알립니다. 지금 대규모의 해킹 공격으로 인해 시스템이 불안정한 상태입니다. 게임 참가자들은 즉시 종료를 외치고 게임을 중단하길 바랍니다. 다시 한번 알립니다……."

방송을 들은 아이들이 종료를 외치기 시작했다. 종료를 말한 아이들은 흔적도 없이 사라졌다. 원래의 공간으로 돌아간 것이다.

"서둘러!"

진은 윤경이를 보며 외쳤다. 윤경이는 얼른 휘경이의 손을 잡았다. 진도 강훈이의 손을 잡았다.

"종료!"

"뭐야? 왜 그대로야?"

강훈이가 진을 보며 물었다.

진과 강훈이는 아직도 게임 속이었다. 상황은 윤경이 쪽도 같았다. 진과 윤경이가 당황한 사이 상대팀 아이들은 모두 게임을 종료했다.

"어떻게 된 거지?"

진은 에스를 보며 물었다.

"나도 모르겠어. 지금 너희만 안 되는 것 같아. 일단 여기서 나가자."

에스가 당혹스러운 얼굴로 대답했다. 공간의 흔들림 때문에 제대로 서 있기도 어려웠다. 아이들은 휘청거리면서도 에스를 따라 서둘러 문으로 향했다. 문을 열고 나오니 조금 전 가게에 들어서기 전과 같은 풍경이 펼쳐졌다.

수학 노트

케이크 자르기 문제

'케이크 자르기'는 수학계의 오래된 문제 중 하나다. 케이크 칼만을 이용해 동그란 케이크를 자르고 그곳에 있는 사람들이 모두 만족하며 케이크를 나누어 갖는 방법을 찾는 문제이다.

가장 단순한 경우는 두 사람이 있을 때이다. 한 사람이 자르고 다른 사람이 케이크 조각 중 하나를 먼저 선택하는 방식으로 해결할 수 있다. 자른 사람은 무조건 상대방이 고르고 남은 조각을 받게 되니 최선을 다해 케이크를 이등분할 것이고, 먼저 선택하는 사람은 자신의 눈으로 보기에 조금이라도 더 큰 조각을 갖게 될 테니 두 사람 모두 조각을 자르는 방식에 만족할 수 있다.

하지만 세 사람일 때는 이와 같은 방식이 적당하지 않다. 예를 들어, A가 먼저 $\frac{1}{3}$을 자르고, B가 남은 $\frac{2}{3}$를 다시 반으로 자르고 C가 고른다고 할 때, 가장 먼저 케이크 조각을 고르는 C와 남은 2조각 중 1조각을 갖게 되는 B는 만족하겠지만, B가 케이크를 자른 방식도 마음에 안 들고 가장 작은 조각을 받아야 하는 A는 불만을 제기할 수 있다.

이 문제의 해법을 1940년대 폴란드의 수학자 슈타인하우스가 제시했다.

수학 노트

　1단계: A가 케이크를 각각 크기가 $\frac{1}{3}$, $\frac{2}{3}$가 되도록 2조각으로 자른다.

　2단계: B가 A가 자른 $\frac{1}{3}$조각을 보고 마음에 들면 그대로 두고, 마음에 들지 않으면 더 자르거나 큰 조각에서 더 가져와 자기 생각에 $\frac{1}{3}$이 되도록 만든다.

　3단계: B가 $\frac{1}{3}$조각을 C에게 넘긴다.

　4단계: 만일 C가 $\frac{1}{3}$조각을 갖는다면, A와 B는 남은 조각으로 "내가 자를 테니, 네가 골라라."를 한다. 만일 C가 B가 건넨 $\frac{1}{3}$조각을 받지 않는다면 B가 그 조각을 갖고, A와 C는 남은 조각으로 "내가 자를 테니, 네가 골라라."를 한다.

　슈타인하우스 이후로 많은 수학자가 다양한 방법을 발표했다. 케이크 자르기 문제는 현실과도 맞닿아 있다. 예를 들어, 2차 세계대전이 끝난 후 연합군과 러시아는 이 케이크 자르기 방법과 유사한 방법으로 독일을 서독과 동독으로 분리한 바 있다.

다음 이야기

아이들이 가게를 벗어나고 얼마 되지 않아 땅의 흔들림은 멈췄다. 하지만 아이들은 불안한 마음에 안전한 곳을 찾아 계속 걸었다. 가는 중간중간 진과 윤경이는 몇 번이고 게임 종료를 시도했지만 게임은 끝나지 않았다.

"여기서 잠깐 쉬다 가자."

선두에 서서 걷던 에스가 말했다. 에스가 가리킨 곳에는 작은 동굴이 있었다. 지친 아이들은 아무 말 없이 동굴 안쪽에 자리를 잡고 앉았다.

"왜 우리만 종료가 안 되는 거지?"

진이 에스를 보며 작게 물었다.

"나도 잘 모르겠어. 접속한 경로가 달라서 그런 건지."

에스가 걱정스러운 얼굴로 대답했다.

"그럼, 너라도 일단 그만두고 나가. 네르에게 우리가 친구들과 여기 남아 있다고 말해 줘."

"알고 계실 거야. 아마 해킹 때문에 못 들어오는 거겠지. 지금은 무슨 상황인지 모르니까 게임에 대해 조금이라도 알고 있는 내가 같이 있는 게 좋을 것 같아."

에스의 말에 윤경이가 동조했다.

"에스 말이 맞아. 일단 에스를 통해 상황을 조금이나마 파악하는 게 현명해."

이야기를 듣고 있던 강훈이가 소리쳤다.

"뭐야, 뭐가 어떻게 되는 거야? 왜 게임이 안 끝나는 건데? 해킹은 또 무슨 말이고. 혹시 이거 심각한 상황인 거야?"

휘경이도 떨리는 목소리로 입을 열었다.

"대체 무슨 일이 벌어지고 있는 거야? 강훈이랑 나만 모르는 뭔가가 있는 거지? 적어도 너희가 정확하게 이 상황에 관해 설명해 줘야 한다고 생각해."

진과 윤경이는 말 없이 눈빛을 주고받았다. 윤경이가 진을 향해 고개를 끄덕였다.

"그래. 말해 줄게."

진은 강훈이와 휘경이에게 침착하게 그간에 있었던 일을 설명했다. 이곳이 미래와 연결된 게임 속이며 자신이 커서 어떤 역할을 하게 될 것인지까지. 그리고 수학 메이즈에 참가하기 위해 휘경이와 강훈이를 속였다는 사실도 모두를 털어놓았다. 강훈이와 휘경이는 아무 말이 없었다. 처음 이야기를 시작했을 때는 믿지 않는 눈치였지만 윤경이와 에스가 아무 말이 없자 사실로 받아들이는 것 같았다.

"미안해. 어쩔 수 없었어."

진이 고개를 푹 숙이며 말했다.

"어쩔 수 없었다니? 그게 말이 돼? 처음부터 우리에게 사실대로 말했어야지!"

휘경이가 단호한 목소리로 소리쳤다.

휘경이가 화내는 모습을 처음 본 진은 아무 말도 못했다. 자신이 벌인 일이 생각보다 무시무시한 일이었다는 실감이 들었다. 그때 강훈이가 불쑥 끼어들었다.

"야, 뭘 그렇게 심각하게 받아들이냐. 멋지잖아. 미래와 연결된 게임이라니. 난 항상 타임머신이 있다고 믿었다니까."

강훈이의 말에 아무도 대꾸하지 않았다.

"그래서, 만약 이 해킹이 아까 진이 말한 사야프와 검은 천사들이 벌인 일이라면 우리는 여기서 못 나가는 거야?"

다시 휘경이가 물었다.

"아니, 아마 본부에서 곧 해결할 거야. 조금만 기다리면……."

에스가 나서서 휘경이를 달래려 노력했다.

"기다려? 얼마나? 그동안 우리가 공격받으면 어떻게 되는 건데? 가상 공간에서도 죽나?"

강훈이가 물색없이 물었다.

"최악의 경우 나처럼 돼."

윤경이가 담담한 목소리로 대답했다.

"너처럼?"

휘경이가 되물었다.

"응, 식물인간. 나도 가상 공간에서 심한 공격을 받아 뇌 기능에 문제가 생겼었어. 그래서 몇 년 동안 움직이지 못한 거고."

결국 휘경이는 고개를 숙이며 눈물을 떨구었다. 강훈이도 처음으로 말을 잃었다. 진은 휘경이를 위로해 주고 싶었지만, 뭐라고 말해야 할지 알 수가 없었다. 자신의 욕심으로 친구들을 속였고, 결국 위험에 빠뜨렸으니 입이 열 개라도 할 말이 없었다.

"저, 저기!"

갑자기 강훈이가 진의 뒤를 가리키며 소리쳤다.

"얘들아, 내 눈이 좀 이상한가? 저기 동굴 벽이 이상해 보이는데."

아이들은 모두 강훈이가 가리킨 동굴 벽 쪽을 바라보았다. 아주 잠깐이지만 순간적으로 벽이 일그러져 보였다. 마치 인스턴스 던전에서 사람들이 늑대로 변하기 직전에 그랬던 것처럼. 에스가 소리쳤다.

"모두 동굴 밖으로 나가!"

4권으로 이어집니다. »

작가의 말

"수학을 잘하려면 어떻게 공부해야 할까요?"

학생과 학부모님들께 가장 많이 받은 질문입니다. 그럴 때마다 저는 이렇게 되묻고는 했지요.

"수학을 잘하고 싶으신가요? 아니면 수학 문제를 잘 풀고 싶으신가요?"

평가를 위해 만든 수학 문제를 푸는 것은 진정한 의미의 수학은 아닙니다. '수학 문제를 잘 푸는 것'은 '수학을 잘하는 것'과는 다르지요. 수학을 잘하기 위해서는 항상 '왜'라는 질문을 마음속에 품고 있어야 합니다. 세상의 규칙을 수학으로 설명하고, 생활 속 여러 가지 문제를 수학을 이용해 풀어내는 사람이 수학을 잘하는 사람일 것입니다.

『도전! 수학 플레이어』 3권을 통해 수학을 공부하는 마음가짐에 관해 이야기하고 싶었습니다. 진은 주어진 문제를 해결하는 것을 넘어 스스로 무엇을 할 수 있을지, 내가 원하는 것은 무엇인지 고민하기 시작합니다. 수학 공부를 할 때는 문제 풀이 방법을 이해하는 것보다 내가 하고 싶은 수학, 내가 만나고 싶은 수학의 세상은 무엇인지 생각해 보는 것이 더 중요합니다.

　수학은 창조의 학문입니다. 누구든, 어떤 생각을 하든 그 생각을 수학적으로 증명할 수만 있다면 새로운 수학을 만들 수 있지요. 진이 여러 가지 방법으로 문제를 해결하고, 수학 개념 안에 담긴 의미를 고민했던 것처럼 여러분도 자기만의 방식으로 수학을 고민해 보며 수학의 즐거움을 경험하게 되기를 희망합니다.

　마지막으로 예쁘고 착한 아린과 슬아, 저를 믿어 주고 응원해 주는 친구 현진, 보경, 수연에게 감사의 말을 전합니다.

2023년 8월

김리나

도전! 수학 플레이어
③ 메이즈를 탈출하라

초판 1쇄 발행 • 2023년 8월 11일

지은이 • 김리나
그린이 • 코익
펴낸이 • 강일우
책임편집 • 이현선
조판 • 박아경
펴낸곳 • (주)창비
등록 • 1986년 8월 5일 제85호
주소 • 10881 경기도 파주시 회동길 184
전화 • 031-955-3333
팩스 • 영업 031-955-3399 편집 031-955-3400
홈페이지 • www.changbi.com
전자우편 • ya@changbi.com

ⓒ 김리나, 코익 2023
ISBN 978-89-364-3112-9 73410

* 이 책 내용의 전부 또는 일부를 재사용하려면
  반드시 저작권자와 창비 양측의 동의를 받아야 합니다.
* 책값은 뒤표지에 표시되어 있습니다.